GOLDMANN

In der Reihe Goldmann Farbige Ratgeber
sind bisher folgende Bände erschienen.

Ganz ohne Fleisch. Gesund mit vegetarischer Küche (10250)

Stricken. Die neue Strickschule (10251)

Pasta-Buch. Die schönsten Nudelgerichte (10252)

Backen. Kuchen, Torten und Gebäck (10253)

Schöne Strickmodelle.
Jacken, Pullunder, Westen und Pullis (10254)

Diät. Schlank, gesund, schön (10255)

Der farbige Ratgeber

Schöne Strickmodelle

Jacken, Pullunder, Westen und Pullis

GOLDMANN VERLAG

Text- und Bildredaktion: topic GmbH, München-Karlsfeld
Gestaltung: Hubert K. Hepfinger, Freising

Made in Germany · 12/85 · 1. Auflage
Genehmigte Taschenbuchausgabe

Umschlaggestaltung: Design Team München
Umschlagfoto: Kammgarnspinnerei Gebr. Stahl KG, Süssen
Satz: Fotosatz Skazel GmbH, München
Druck: Georg Appl, Wemding
Bindung: Augsburger Industrie-Buchbinderei GmbH
Verlagsnummer: 10254
ES · Herstellung: Sebastian Strohmaier
ISBN 3-442-10254-5

Inhalt

Abkürzungen

M = Masche
R = Reihe
Rd = Runde
* = wiederholen

Größen 38, 40 und 42.
Bei unterschiedlichen Angaben: Größen 40 und 42 in Klammern.

Material
Lana Grossa Wolle, Qualität Baby Mohair: 240 g in Blau Nr. 841; Qualität Angora: 60 g in Rot Nr. 013. 1 Paar Stricknadeln Nr. 3 und 1 Häkelnadel Nr. 3.

Grundmuster
Glatt rechts = Hinr. rechts, Rückr. links.

Bündchenmuster
Abwechselnd 1 M rechts, 1 M links.

Maschenprobe
23 M und 32 R im Grundmuster = 10 x 10 cm.

Arbeitsanleitung

Rücken
92 (96/100) M anschlagen und 8 cm im Bündchenmuster stricken. Anschließend weiter im Grundmuster arbeiten, dabei in der 1. R 24 M verteilt zunehmen = 116 (120/124) M.
In 58 cm Gesamthöhe für den Halsausschnitt die mittleren 24 M abketten und getrennt weiterarbeiten. An der linken Halsausschnittkante in jeder 2. R 1x4, 1x3 und 1x2 M abketten und in 60 cm Gesamthöhe dann die restlichen Schultermaschen abketten. Die rechte Seite gegengleich arbeiten.

Vorderteil
Wie das Rückenteil anfertigen, jedoch in 30 cm Gesamthöhe die Arbeit bei 32 (34/36) M von der rechten Seitennaht entfernt teilen. Die Teile getrennt fertigstellen. Mit dem rechten Seitenteil beginnen und von der Mitte aus 7 M zunehmen. Anschließend *6x in jeder 2. R und 1x in der 4. R* 1 M zunehmen, von * bis * 5x wiederholen. In 58 cm Gesamthöhe den vorderen Halsausschnitt mit 46 (48/50) M Abstand zur Seitenkante wie am Rücken arbeiten. Die restlichen M in 60 cm Gesamthöhe locker abketten. Das linke Seitenteil anfertigen und hierfür von der Mitte aus *6x in jeder 2. R und 1x in der 4. R* 1M abnehmen, von * bis * 5x wiederholen. Die restlichen M in 60 cm Gesamthöhe locker abketten.

Ärmel
46 M in Blau anschlagen und 8 cm im Bündchenmuster stricken. Im Grundmuster weiterarbeiten, dabei in der 1. R die M ver-

doppeln (1x von vorne und 1x von hinten in die M einstechen) = 92 M. Dann beidseitig 23x in jeder 6. R 1 M zunehmen. In 52 cm Gesamthöhe alle M abketten. Den zweiten Ärmel ebenso stricken.

Kragen
In Rot nach Diagramm arbeiten.

Fertigstellung
Schulternähte schließen. Den Kragen auflegen und an der inneren Kante mit dem Halsausschnitt mit 1 R Krebsstich in Rot umhäkeln. Die äußeren Kanten des Kragens ebenfalls im Krebsstich umhäkeln. Nähte schließen und die Kragenkanten festnähen.

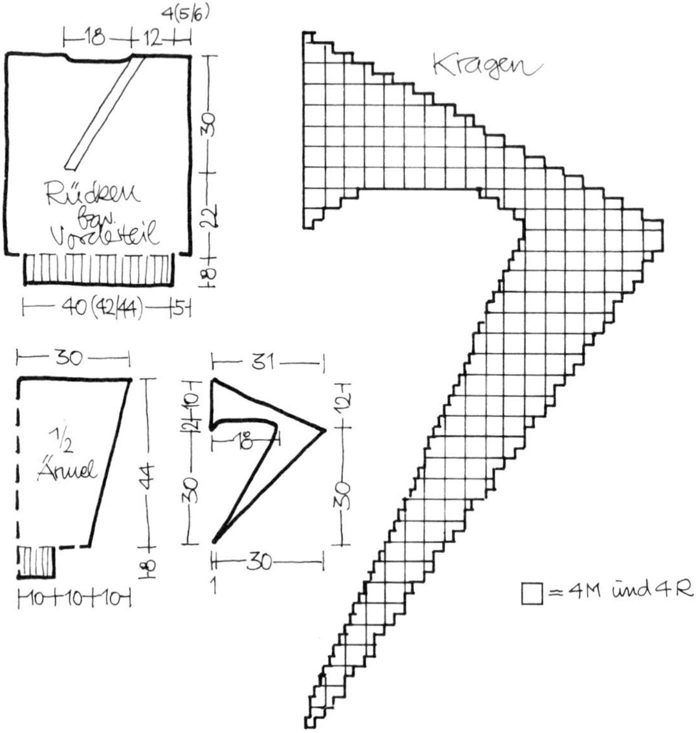

Größen 44/46, 40/42 und 38. Bei unterschiedlichen Angaben: Größen 40/42 und 38 in Klammern.

Material
Berger du Nord Wolle, Qualität Kid Mohair. 350 (300/250) g in Acier, 100 g in Anis, 150 (100/100) g in Mandarine. Je 1 Paar Stricknadeln Nr. 3½ und 4.

Grundmuster
Mit Nadeln Nr. 4: Glatt rechts = Hinr. rechts, Rückr. links.

Bündchenmuster
Mit Nadeln Nr. 3½: Abwechselnd 1 M rechts, 1 M links.

Maschenprobe
19 M und 26 R im Grundmuster = 10 x 10 cm.

Arbeitsanleitung

Rücken
91 (87/83) M in Mandarine anschlagen und 10 cm im Bündchenmuster stricken. Anschließend glatt rechts in Acier weiterarbeiten und in der 1. R gleichmäßig verteilt 13 M zunehmen = 104 (100/96) M. Bei einer Gesamthöhe von 30 (29/28) cm 2 R rechts in Anis stricken, in Acier im Grundmuster weiterarbeiten. Bei einer Gesamthöhe von 60 (58/56) cm beidseitig für die Schultern in jeder 2. R 2 x 10 und 1 x 11 (2 x 10 und 1 x 11/3 x 10) M abketten. Gleichzeitig mit der 1. Schulterabnahme die mittleren 30 M abketten und jede Seite getrennt beenden. Am Halsausschnittrand noch 1 x 6 (4/3) M abketten.

Vorderteil
Wie das Rückenteil arbeiten. Bei einer Gesamthöhe von 54 (52/50) cm die mittleren 16 M abketten und jede Seite getrennt beenden. Am Halsausschnittrand in jeder 2. R noch 1 x 3, 3 (2/2) x 2 und 4 (4/3) x 1 M abketten. Bei einer Gesamthöhe von 60 (58/56) cm die Schulter wie beim Rückenteil schrägen.

Ärmel
47 (45/43) M in Mandarine anschlagen und 10 cm im Bündchenmuster stricken. Nun glatt rechts in Acier weiterarbeiten, in der 1. R 9 M gleichmäßig verteilt zunehmen = 56 (54/52) M. Anschließend beidseitig in jeder 6. R 4 x 1 M zunehmen, danach abwechselnd in jeder 4. und 2. R 25 (24/23) x 1 M zunehmen = 114 (110/106) M. Bei 49 cm Gesamthöhe die M locker abketten.

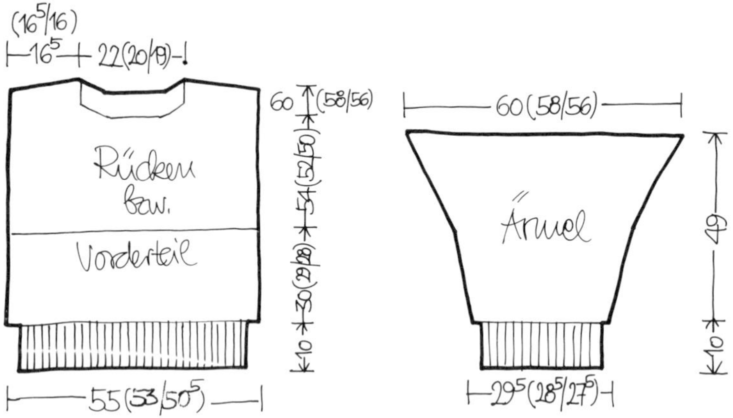

Fertigstellung
Über den 2 krausgerippten R in Anis am Rücken- und Vorderteil auf der Vorderseite der Arbeit 1 M vom jeweiligen Rand entfernt in Anis 102 (98/94) M auffassen und im Bündchenmuster stricken, in der 1. R 15 M gleichmäßig verteilt zunehmen = 117 (113/109) M. Bei einer Arbeitshöhe von 8 (7/6) cm die M locker abketten. Eine Schulternaht schließen. Um den Halsausschnitt in Mandarine 133 (128/123) M auffassen und 10 cm im Bündchenmuster stricken, danach im Grundmuster weiterarbeiten. Bei einer Gesamthöhe von 20 cm die M locker abketten. Die zweite Schulternaht und die Kragennaht schließen. Die Hälfte der Kragennaht auf der anderen Seite der Arbeit schließen, dieser Rand wird umgeschlagen. An jedem Armausschnitt bis zu den Volants an Rücken- und Vorderteil in Anis 149 (145/141) M auffassen und 1 R links auf der Vorderseite der Arbeit stricken, danach im Bündchenmuster weiterarbeiten und bei einer Gesamtbreite von 8 (7/6) cm die M locker abketten. Die Ärmel flach einsetzen und anschließend die Seiten- und Ärmelnähte mit Maschenstichen schließen.

Herrenpulli in Violett

Größen 46, 48/50 und 52.
Bei unterschiedlichen Angaben: Größen 48/50 und 52 in Klammern. Länge 66 (68/68) cm, obere Weite 104 (110/114) cm.

Material
H.E.C. Wolle, Qualität aarlan cotoflam oder aarlan primavera. 670 (710/750) g in Violett Nr. 977, je 20 g in Blau Nr. 979, Marine Nr. 989 und Schwarz Nr. 992. Je ein Paar Stricknadeln Nr. 3–3½ und 4½. Ein Nadelspiel Nr. 3½.

Grundmuster I
Mit Nadeln Nr. 4½ in Violett: Glatt rechts = Hinr. rechts, Rückr. links.

Grundmuster II
Mit Nadeln Nr. 4½: Glatt links = Hinr. links, Rückr. rechts.
Verkürzte Streifen arbeiten und beim Farbwechsel die beiden Fäden auf der Rückseite der Arbeit verkreuzen.

Bündchenmuster
Mit Nadeln Nr. 3–3½: Abwechselnd 1 M rechts, 1 M links.

Maschenprobe
10 M und 14 R im Grundmuster I = 5 x 5 cm.

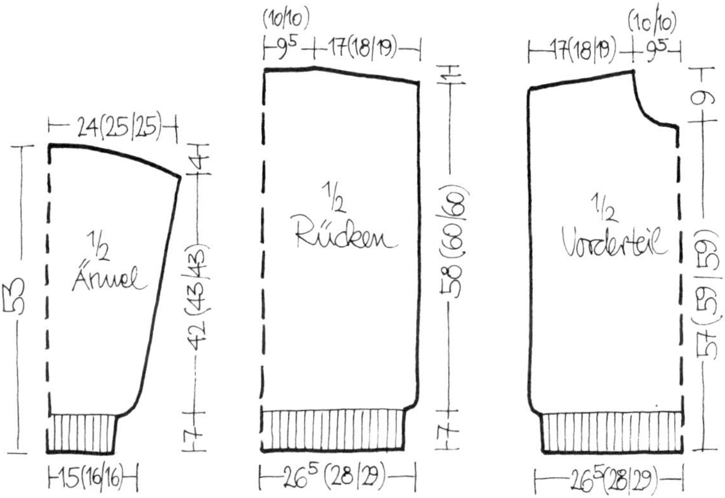

Arbeitsanleitung

Rücken

88 (92/100) M in Violett anschlagen und 7 cm im Bündchenmuster stricken, anschließend im Grundmuster I weiterarbeiten. Dabei verteilt in der 1. R 18 (20/16) M aufnehmen = 106 (112/116) M. Die Kanten bleiben gerade. Für die Schulterschrägung in 65 (67/67) cm ab Anschlag beidseitig 2x17 (18/19) M abketten. Die restlichen 38 (40/40) M locker abketten.

Vorderteil

Wie das Rückenteil anfertigen, jedoch die verkürzten Streifen wie folgt arbeiten: Wenn 7 cm glatt rechts gestrickt sind, in der Hinr. 50 (54/56) M im Grundmuster I arbeiten, die übrigen 56 (58/60) M in Marine im Grundmuster II. Nach 4 R 10,5 cm im Grundmuster I, dann 4 R mit den ersten 64 (68/70) M in Schwarz im Grundmuster II arbeiten. 9 cm im Grundmuster I stricken, anschließend die ersten 36 (40/42) M ebenfalls im Grundmuster I, dann 46 (48/48) M in Blau im Grundmuster II, die restlichen M im Grundmuster I. Nach 4 R noch 10 cm im Grundmuster I, dann in Marine die ersten 44 (46/48) M im Grundmuster II arbeiten. Nach 4 R wieder 10 R im Grundmuster I, dann mit den letzten 44 (46/48) M in Schwarz im Grundmuster II 4 R stricken und weiter fortlaufend alle M im Grundmuster I arbeiten. In 57 (59/59) cm Gesamthöhe für den Halsausschnitt die mittleren 12 (14/14) M locker abketten und beidseitig davon 1x3, 2x2, 5x1 M abketten und in der 4. folgenden R nochmals 1 M abnehmen.

Ärmel

Für den linken Ärmel 44 (46/46) M anschlagen und im Bündchenmuster 7 cm in Violett arbeiten. Im Grundmuster I weiterarbeiten, dabei verteilt in der 1. R 16 (18/18) M aufnehmen. An beiden Kanten 6 (8/8) x alle 2,5 cm und 12 (10/10) x alle 2 cm 1 M aufnehmen. Nach 8 (10/10) cm im Grundmuster I auf der Vorderseite der Arbeit die ersten 45 (47/47) M in Schwarz im Grundmuster II arbeiten. Nach der 4. R 9 cm im Grundmuster I, dann die ersten 21 (23/23) M ebenfalls im Grundmuster I stricken, anschließend mit 46 (48/48) M in Blau im Grundmuster II und den Rest im Grundmuster I 4 R arbeiten und weitere 10 cm im Grundmuster I stricken. Dann mit den ersten 36 (37/37) M in Marine 4 R im Grundmuster II stricken und nach 10 R im Grundmuster I die letzten 38 (39/39) M in Schwarz im Grundmuster II arbeiten. Nach 4 R fortlaufend im Grundmuster I weiterarbeiten. Bei 49 (50/50) cm ab Anschlag beidseitig 4x9 M und die restlichen 24 (28/28) M abketten.

Den rechten Ärmel genauso arbeiten, jedoch die verkürzten Streifen gegengleich stricken.

Fertigstellung
Teile nach Schnitt spannen und sorgfältig dämpfen. Die Nähte schließen, dabei die Seitennähte entsprechend der Ärmelweite offenlassen. Mit dem Nadelspiel in Marine an der Ausschnittkante des Rückenteils 36 (38/38) M und zusätzlich am Vorderteil 52 (54/54) M auffassen und abwechselnd 1 Rd links, 1 Rd rechts stricken. Nach der 3. Rippe locker abketten und die Ärmel einnähen.

Kinderpulli mit Tasche

Größen 104 und 116 = ca. 4 und 6 Jahre.
Bei unterschiedlichen Angaben: Größe 116 in Klammern. Oberweite 64 (68) cm, ganze Länge 40 (44) cm.

Material
Schaffhauser Wolle, Qualität Sacha, 110 (130) g in Türkis Nr. 33, 50 (70) g in Silber Nr. 34, 40 (50) g in Gold Nr. 50 und 10 (15) g in Weiß Nr. 19. Je 1 Paar Stricknadeln Nr. 3 und 3½, 1 Nadelspiel Nr. 3, 1 Knopf.

Grundmuster I
Mit Nadeln Nr. 3½: Glatt rechts = Hinr. rechts, Rückr. links. Bei Farbflächen jede Fläche mit einem separaten Knäuel arbeiten, beim Farbwechsel die beiden Fäden jeweils miteinander verkreuzen. Die M auf der Rückseite der Arbeit in der Farbe stricken, wie sie erscheinen.

Grundmuster II
Mit Nadeln Nr. 3 im Patentmuster arbeiten.
1. R (Rückr.): Randm., *1 M links abheben, dabei den Faden auf der Nadel lassen, 1 M rechts, ab * stets wiederholen.
2. R und alle weiteren R: Randm., die abgehobenen M mit dem Umschlag rechts zusammenstricken, die gestrickten M links abheben, dabei den Faden auf der Nadel lassen.

Grundmuster III
Mit dem Nadelspiel Nr. 3 im Patentmuster arbeiten.
1. Rd: *1 M rechts, 1 M links abheben, dabei den Faden auf der Nadel lassen, ab * stets wiederholen.
2. Rd: *1 M links abheben, dabei den Faden auf der Nadel lassen, die folgende M mit dem Umschlag links zusammenstricken, ab * stets wiederholen.

3. Rd: *Die abgehobene M mit dem Umschlag rechts zusammenstricken, die folgende M links abheben, dabei den Faden auf der Nadel lassen, ab * stets wiederholen.
Die 2. und 3. Rd fortlaufend wiederholen.

Bündchenmuster
Mit Nadeln Nr. 3: Abwechselnd 1 M rechts, 1 M links.

Maschenprobe
11 M im Grundmuster I = 5 cm Breite.

Arbeitsanleitung

Der Pullover wird in einem Stück gearbeitet. Beim Vorderteil beginnen, 64 (68) M in Türkis anschlagen und 6 cm im Bündchenmuster stricken. Anschließend im Grundmuster I weiterarbeiten, dabei in der 1. R verteilt 10 M aufnehmen = 74 (78) M. Bei 4 (6) cm ab Bündchen in Weiß 2 R glatt rechts stricken. Dann die Farben für die Tasche wie folgt wechseln (immer einschließlich Randm.): 24 (26) M in Silber, 26 M in Gold, 24 (26) M in Silber. In 9 cm Höhe ab Taschenbeginn über die 26 M in Gold 2 Rippen stricken = beidseitig rechts, über die restlichen M in Silber wie bisher arbeiten. Dann mit der 2. Rippe die 26 M in Gold auf der Rückseite der Arbeit rechts

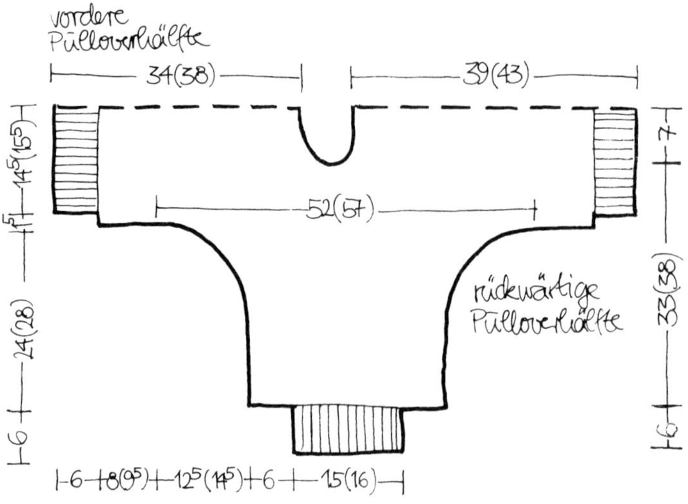

abketten. Nun mit Nadeln Nr. 3 in Gold separat 27 M für die Taschenpatte anschlagen. Im Grundmuster II genau nach Beschreibung stricken. In 1,5 cm Höhe ab Anschlag in der Pattenmitte ein Knopfloch einarbeiten, und zwar auf der Vorderseite der Arbeit die ersten 12 M stricken, 3 M abketten, ohne die M zu strikken und diese mit dem Arbeitsfaden sofort wieder anschlagen. In 4 cm Höhe ab Anschlag die Pattenmaschen anstelle der abgeketteten M einfügen und über alle M in Weiß 2 R glatt rechts stricken. Dann in Türkis weiterarbeiten.

Achtung: In 14 (15,5) cm Höhe ab Anschlag beidseitig 1 M aufnehmen und dies noch 1x nach 3 (3,5) cm wiederholen. In 20,5 (22,5) cm Höhe ab Anschlag für die Ärmel beidseitig stets am Ende der R wie folgt hinzu anschlagen: 1, 1, 2, 3, 4 x 4, 1 x 5, 1 x 22 (1, 1, 2, 2, 3, 5 x 4, 1 x 5, 1 x 25) M. Über die erreichten 179 (201) M gerade weiterstricken. In 33 (38) cm Höhe ab Anschlag für den Halsausschnitt die mittleren 7 M, dann beidseitig davon noch 4, 3, 2, 1, 1, 1 M abketten = je 74 (85) M, dann gerade weiterstrikken. In 40 (44) cm Höhe ab Anschlag ist die Schulterkante erreicht. Diese nun mit einem Faden markieren, ebenso die Ärmelmitte am Anfang der R. Weiter für den hinteren Halsausschnitt bei jeder Hälfte 1 x 2, 1 x 3 M hinzu anschlagen. Dann beide Hälften mit einem Anschlag von 21 M miteinander verbinden und wieder über alle 179 (201) M weiterarbeiten, dabei das Rückenteil gegengleich anfertigen, d. h., wenn ab Markierung gleich viele R gerade gestrickt sind wie am vorderen Pulloverteil, entsprechend den hinzu angeschlagenen M jetzt abketten und über die restlichen 75 (79) M gerade weiterarbeiten. Die Farben wie beim Vorderteil wechseln, dabei die Tasche weglassen, d.h. anstelle der 26 M in Gold jetzt in Silber stricken. In 33 (38) cm Höhe ab Schulterkante in der letzten R vor dem Bündchen 11 M abnehmen.

Taschenfutter
26 M in Gold anschlagen und 10cm im Grundmuster I stricken. Anschließend alle M locker abketten.

Fertigstellung
Taschenfutter auf der Rückseite ansäumen, Nähte schließen. Aus der vorderen Ärmelkante mit dem Nadelspiel 36 (38) M in Silber auffassen und in Runden im Bündchenmuster wie folgt stricken: *4 R in Silber, 4 R in Weiß, ab * 1x wiederholen, 4 R in Silber, dann 1 M rechts, 1 M links abketten. Nun um den Halsausschnitt ebenfalls mit dem Nadelspiel 84 M in Gold auffassen = hinten 36 M, vorne 48 M. 4cm hoch im Bündchenmuster stricken, dann 10cm im Grundmuster III, dabei müssen die rechten M weiterlaufen. Anschließend 1 M rechts, 1 M links abketten und das Bündchen 2x nach außen umlegen. Knopf annähen.

Pulli mit Farbfeldern

Größen 38–42.

Material
Stahl'sche Wolle, Qualität Lima. 300g in Graphit, 250g in Romanze, je 50g in Pfau, Viola und Dahlie.
Je 1 Paar Stricknadeln Nr. 4 und 5, 1 Rundstricknadel Nr. 4, Länge 40cm.

Grundmuster
Mit Nadeln Nr. 5: Glatt rechts = Hinr. rechts, Rückr. links.

Bündchenmuster
Mit Nadeln Nr. 4: Abwechselnd 2 M rechts, 2 M links.

Farbaufteilung
1. Farbe in Graphit.
2. Farbe in Romanze.
3. Farbe in Pfau.
4. Farbe in Viola.
5. Farbe in Dahlie.

Maschenprobe
Mit Nadeln Nr. 5: 18 M und 24 R = 10x10cm.

Arbeitsanleitung

Der Pulli wird in einem Stück von vorne nach hinten gearbeitet. Dabei mit mehreren Knäueln stricken und beim Farbwechsel die Fäden auf der Rückseite der Arbeit jeweils verkreuzen.
Man beginnt mit dem Vorderteil. 76 M in der 1. Farbe anschlagen und 8 cm im Bündchenmuster stricken. Weiter im Grundmuster arbeiten und in der 1. R verteilt 10 M zunehmen, nach 7,5 cm = 18 R ab Bund mit den ersten 16 M in der 2. Farbe weiterstricken. Für die Ärmel gleichzeitig 7x1 M beidseitig in jeder 4. R zunehmen. Das Farbfeld 6x in jeder 6. R und 32x in jeder 2. R um 1 M nach rechts versetzen. Nach 12,5 cm = 30 R ab Bund mit 13 M das zweite Farbfeld in der 3. Farbe beginnen. 4x in jeder 6. R und 32x in jeder 2. R um 1 M nach rechts versetzen.
Ab Beginn des zweiten Farbfeldes der 3. Farbe für die Ärmel 8x1 M, 5x2 M, 1x3 M, 4x4 M und 2x15 M beidseitig in jeder 2. R zunehmen und zusätzlich nach 13,5 cm = 32 R ab Bund am linken Arbeitsrand mit dem Streifen in der 3. Farbe beginnen. Bis zum Streifen in der 5. Farbe in jeder 2. R um 1 M nach rechts versetzen. Sobald der Streifen 10 M breit ist, das linke Feld in der 2. Farbe beginnen. Nach 21,5 cm = 52 R ab Bund neben den ersten zwei Streifen den dritten Streifen mit 11 M in

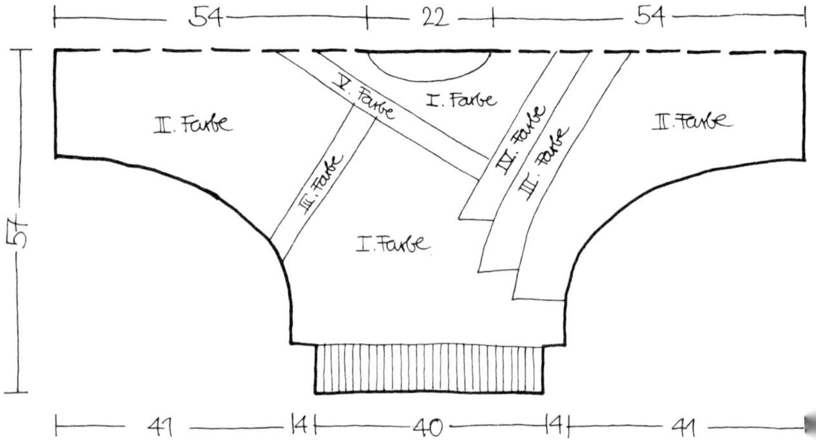

der 4. Farbe beginnen und diesen 33x in jeder 2. R versetzen. Nach 27,5 cm = 66 R ab Bund neben dem Streifen in der 4. Farbe mit dem 10 M breiten Streifen in der 5. Farbe beginnen und nach links in jeder R um 1 M = 52x1 M versetzen. Zwischen dem letzten Streifen und dem rechten Streifen der 4. Farbe weiterstricken, und zwar in der 1. Farbe. Nach 44 cm = 106 R ab Bund für den Halsausschnitt die mittleren 12 M abketten und getrennt weiterstricken. Am Halsrand in jeder 2. R 3x3 M, 2x2 M, 1x1 M abketten. Auf jeder Nadel befinden sich jetzt 97 M. Nach 49 cm = 118 R ab Bund ist die Schulterhöhe erreicht. In der folgenden Hinr., zwischen den Teilen für den rückwärtigen Halsrand, 40 M neu anschlagen = 234 M und das Rückenteil gegengleich arbeiten. Die Zunahmen des Vorderteils sind beim Rückenteil Abnahmen.

Fertigstellung

Pulli nach Schnitt spannen, anfeuchten und trocknen lassen. Nähte schließen. Für die Ärmelbündchen in der 2. Farbe je 42 M anschlagen und 8 cm im Bündchenmuster arbeiten. Die M der letzten R mit Steppstichen auf die Ärmelränder nähen, dabei diese entsprechend einhalten. Dann für die Halsblende in der 1. Farbe 92 M anschlagen und 2,5 cm im Bündchenmuster stricken, anschließend die M der letzten Rd mit Steppstichen auf den Halsausschnittrand nähen.

— *Herrenpulli mit Flechteffekt* —

Größen 48–52 und 54–56.
Bei unterschiedlichen Angaben: Größen 54–56 in Klammern.

Material

Esslinger Wolle, Qualität fingertip. 450 (500) g in Erde Nr. 74, 400 (450) g in Grün Nr. 72. 1 Paar Stricknadeln Nr. 4, je 1 Rundstricknadel Nr. 3½ und 4. Die Rundstricknadeln haben jeweils eine Länge von 50 cm.

Grundmuster

Mit Nadeln Nr. 4 und doppeltem Faden im zweifarbigen Flechtmuster wie folgt arbeiten: Zuerst werden 5 (6) Grunddreiecke in Erde gestrickt. *Dazu 2 M links stricken, Arbeit wenden, 2 M rechts, Arbeit wenden, 3 M links (= immer 1 M mehr von der linken Nadel abstricken), Arbeit wenden, 3 M rechts, Arbeit wenden, 4 M links, Arbeit wenden, 4

M rechts, Arbeit wenden usw., bis man 15 linke M auf der rechten Nadel hat (= 1. Grunddreieck).* Die restlichen 4 (5) Grunddreiecke von * bis * wiederholen. Nach Beendigung der Grunddreiecke in Grün wie folgt weiterstricken: **(Vorderseite) 2 M rechts, Arbeit wenden, 2 M links, Arbeit wenden, 1 M rechts, aus dem folgenden Querfaden 1 M rechts herausstricken, 1 einfacher Überzug (= die folgende M abheben, 1 M rechts stricken, die abgehobene M überziehen), Arbeit wenden, 3 M links, Arbeit wenden, 1 M rechts, aus dem folgenden Querfaden 1 M rechts herausstricken, 1 M rechts, 1 einfacher Überzug, Arbeit wenden, 4 M links usw. Zwischen der Zunahme und dem Überzug jeweils 1 rechte M mehr stricken, bis alle M des 1. Dreiecks (bzw. Rechtecks) in Erde aufgebraucht sind. Die erreichten 15 M in Grün auf der rechten Nadel stillegen.
***15 M in Grün über der linken Kante des 1. Dreiecks (bzw. Rechtecks) aufnehmen, Arbeit wenden, 15 M links, Arbeit wenden, 14 M rechts, 1 einfacher Überzug (= die 15. M mit der 1. M des folgenden Dreiecks), Arbeit wenden, 15 M links, Arbeit wenden, 14 M rechts, 1 einfacher Überzug (= die 15. M mit der 1. M des folgenden Dreiecks), Arbeit wenden, 15 M links usw., bis alle M des folgenden Dreiecks (bzw. Rechtecks) aufgebraucht sind ***. Von *** bis *** noch 3 (4) x wiederholen. Dabei die 15 M jeweils über der linken Kante des folgenden Dreiecks (bzw. Rechtecks) aufnehmen. Nun 15 M in Grün über der linken Kante des letzten Dreiecks (bzw. Rechtecks) aufnehmen, Arbeit wenden, 2 M links zusammenstricken, 13 M links, Arbeit wenden, 14 M rechts, Arbeit wenden, 2 M links zusammenstricken, 12 M links, Arbeit wenden, 13 M rechts usw., bis 1 M übrigbleibt. Im Anschluß an diese letzte M 14 M in Erde auf der Rückseite über der Kante des Dreiecks aufnehmen, Arbeit wenden, *15 M rechts, Arbeit wenden, 14 M links, die 2 folgenden M links zusammenstricken (= 15. M mit der 1. stillgelegten M des folgenden Rechtecks), Arbeit wenden, 15 M rechts, Arbeit wenden, 14 M links, 2 M links zusammenstricken usw., bis alle M in Grün aufgebraucht sind. Nun 15 M über der Kante des folgenden Rechtecks aufnehmen. Ab * 3 (4) x wiederholen. Anschließend ab ** wiederholen, bis die gewünschte Höhe der Rechtecke erreicht ist.

Bündchenmuster
Mit Nadeln Nr. 3½: Abwechselnd 2 M rechts, 2 M links.

Maschenprobe
Mit Nadeln Nr. 4 im Grundmuster: 1 Rechteck = 11 cm in der Breite, 10 cm in der Höhe.

Arbeitsanleitung

Rücken

74 (82) M in Erde anschlagen, im Bündchenmuster 6 cm stricken und die letzte R (Rückr.) links arbeiten, dabei verteilt 1 (8) M zunehmen. Weiter im Grundmuster arbeiten. Nach einem Grunddreieck und vier Rechtecken in Erde in der Höhe wie folgt arbeiten:
(Vorderseite der Arbeit) 1 grünes Dreieck, 1 grünes Rechteck (M nicht stillegen, sondern abketten), 2 (3) grüne Dreiecke als Halsausschnitt, 1 grünes Rechteck und 1 grünes Dreieck arbeiten. Die Aufnahme für den Halsausschnitt wie folgt auf der Vorderseite der Arbeit vornehmen:
***15 M über der linken Kante des erhaltenen Rechtecks aufnehmen, Arbeit wenden, 15 M links, Arbeit wenden, 14 M rechts, ein einfacher Überzug, Arbeit wenden, 15 M links, Arbeit wenden, 1 M abheben, 1 M rechts stricken und die abgehobene M überziehen (= 1. Abnahme), 12 M rechts, ein einfacher Überzug, Arbeit wenden, 14 M links, Arbeit wenden, 1 M abheben, 1 M rechts stricken und die abgehobene M überziehen (= 2. Abnahme), 1 M rechts, 1 einfacher Überzug usw. Solange fortfahren, bis alle M aufgebraucht sind.
Für die Schultern in Erde (Rückseite der Arbeit) je 1 Dreieck arbeiten.
Im Anschluß an die letzte M in Grün 14 M in Erde (Rückseite der Arbeit) über der Kante des Dreiecks aufnehmen, Arbeit wenden, *15 M rechts, Arbeit wenden, 2 M links zusammenstricken (= 1. Abnahme), 12 M

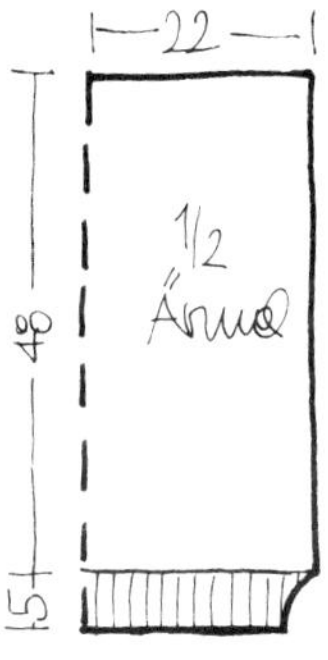

links, die 2 folgenden M links zusammenstricken (15. M mit der 1. stillgelegten M des folgenden Rechtecks), Arbeit wenden, 14 M rechts, Arbeit wenden, 2 M links zusammenstricken (= 2. Abnahme), 12 M links, die 2 folgenden M links zusammenstricken*, von * bis * fortlaufend wiederholen, bis alle M in Grün aufgebraucht sind.

Vorderteil
Wie das Rückenteil anfertigen.

Ärmel
46 (50) M in Erde anschlagen und 5 cm im Bündchenmuster stricken. Dabei in der letzten R (= Rückr.) verteilt 14 (10) M zunehmen und diese R links stricken.
Weiter im Grundmuster arbeiten und nach 4 grünen Rechtecken in der Höhe (Rückseite der Arbeit) weiter mit Dreiecken in Erde arbeiten. Die Dreiecke wie bei den Schultern beschrieben anfertigen.

Fertigstellung
Schulternähte schließen, Ärmel einsetzen. Seiten- und Ärmelnähte schließen. Für die Halsausschnittblende in Erde mit der Rundstricknadel Nr. 3½ 100 M anschlagen und 12 Rd im Bündchenmuster stricken. Dann mit der Rundstricknadel Nr. 4 weitere 10 Rd glatt rechts stricken. Dabei in der 1. Rd verteilt 25 M, in der 4. Rd verteilt 13 (15) M und in der 8. Rd verteilt 8 (10) M zunehmen = 146 (150) M. Die offenen M im Steppstich auf die Halsausschnittkante nähen.

Tweedpulli

Größen 36 und 40.
Bei unterschiedlichen Angaben: Größe 40 in Klammern.

Material
Busse Wolle, Qualität Mohair-Tweed, Art. 26.
400 g in Weiß-Schwarz-Meliert Nr. 7773, 100 g in Schwarz Nr. 7779. Ein Paar Stricknadeln Nr. 5½ und eine Rundstricknadel Nr. 5½.

Grundmuster
Mit Nadeln Nr. 5½: Glatt rechts = Hinr. rechts, Rückr. links.

Blendenmuster
Mit Nadeln Nr. 5½: Kraus rechts = Hin- und Rückr. rechts, in Runden 1 Rd rechts, 1 Rd links.

Maschenprobe
15 M und 24 R im Grundmuster = 10 x 10 cm.

Arbeitsanleitung

Rücken

68 (75) M in Schwarz anschlagen und 6 R im Blendenmuster stricken, dann im Grundmuster in Meliert weiterarbeiten. In 46 (48) cm Gesamthöhe für den Halsausschnitt die mittleren 26 (27) M auf einen Hilfsfaden legen und beidseitig jede 2. R 1x2 M, 3x1 M abnehmen. In 50 (52) cm Gesamthöhe die restlichen 16 (19) Schultermaschen auf einen Hilfsfaden legen.

Vorderteil

Wie das Rückenteil anfertigen.

Ärmel

45 M in Schwarz anschlagen und 6 R im Blendenmuster stricken, anschließend im Grundmuster in Meliert weiterarbeiten. Dabei für die Ärmelschräge beidseitig jede 4. R 16x1 M zunehmen = 77 M. In 35 cm Gesamthöhe alle M abketten.

Schultertuch

70 M in Meliert anschlagen und 30 cm hoch im Grundmuster stricken. Für die Blende mit der Rundstricknadel in Schwarz M herausstricken: 70 M + 45 M + 70 M + 45 M = 230 M ringsherum. 6 R im Blendenmuster strikken, dabei in jeder Ecke in den rechten R vor und nach der Eckmasche je 1 M zunehmen. Alle M locker abketten.

Fertigstellung

Teile schnittgemäß spannen, anfeuchten und trocknen lassen. Die Schultermaschen im M-Stich verbinden. Nähte schließen. Für den Kragen von links 105 M in Meliert herausstricken, an der linken Schulter offenlassen, also in R mit der Rundstricknadel stricken und im Grundmuster 20 cm arbeiten. Für die Blende in Schwarz zusätzlich an den Seitenkanten je 30 M herausstricken = 165 M und 6 R im Blendenmuster stricken. In jeder 2. R vor und nach den Eckmaschen je 1 M zunehmen. Alle M abketten. Die Blenden übereinanderlegen und annähen. Ärmel einsetzen und das Schultertuch mit kleinen Stichen unter den Kragen heften.

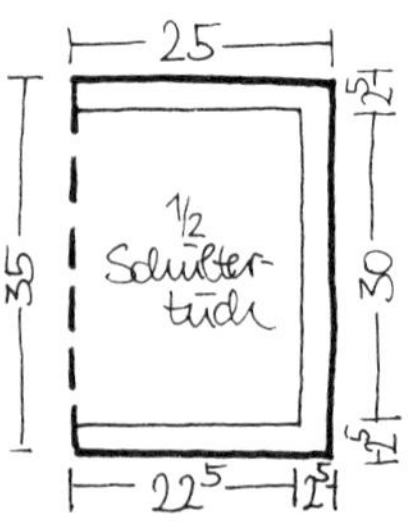

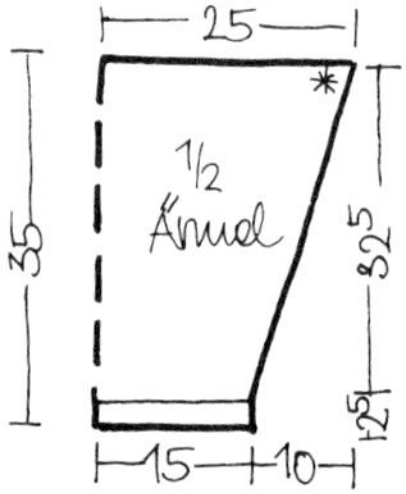

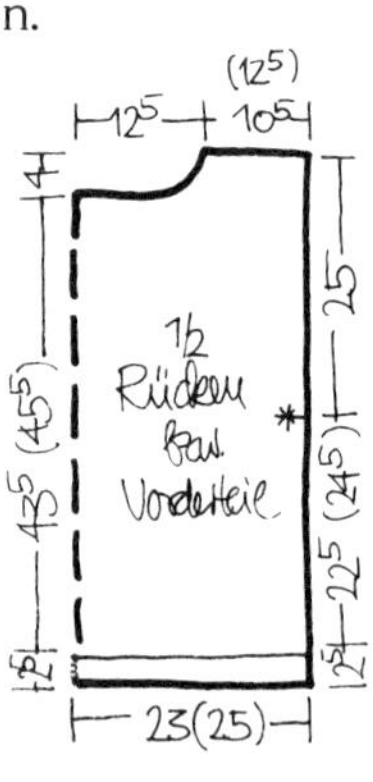

Mädchenpullunder

Größen 128, 140 und 152 = ca. 8, 10 und 12 Jahre. Bei unterschiedlichen Angaben: Größen 140 und 152 in Klammern.

Material
H.E.C. Wolle, Qualität aarlan natura. 450 (500/550) g in Grau Nr. 5316, Wollreste nach eigener Wahl zum Besticken (evtl. die Wolle zum Sticken doppelt verwenden). Je 1 Paar Stricknadeln Nr. 5½ und 6, ein Nadelspiel Nr. 5½.

Grundmuster
Mit Nadeln Nr. 6 die Hinr. wie folgt arbeiten: Randm., 5 (7/9) M rechts, *2 M links, 13 M rechts, ab * wiederholen. Mit 5 (7/9) M rechts und Randm. enden.
Die Rückr. deckend arbeiten, d.h. links auf links, rechts auf rechts. Die 6. (18./4.) R auf der Rückseite der Arbeit rechts stricken. Weiter die 1.–5. (1.–17./1.–3.) R wiederholen und jede 18. R auf der Rückseite der Arbeit rechts stricken.

Bündchenmuster
Mit Nadeln Nr. 5½: Rippen arbeiten = nur rechte M stricken.

Maschenprobe
Mit Nadeln Nr. 6: 7½ M und 10½ R glatt rechts = 5x5 cm.

Arbeitsanleitung

Rücken
59 (63/67) M anschlagen und im Bündchenmuster stricken. Nach der 3. Rippe im Grundmuster weiterarbeiten. Für den Armausschnitt in 26 (29/31) cm ab Anschlag beidseitig 1x3 M abketten = 53 (57/61) M. Wenn die einzelne rechte R auf der Rückseite der Arbeit 5 (5/6) x gestrickt ist, fortlaufend die 1.–5. (1.–17./1.–3.) R wiederholen.
Für die Schulterschrägung in 19 (20/21) cm ab Armausschnitt beidseitig 2x7 (2x8/2x9) M abketten. Mit dem 1. Abketten gleichzeitig für den Halsausschnitt die mittleren 13 M und beidseitig davon noch 1x6 M abketten.

Vorderteil
Wie das Rückenteil anfertigen, jedoch bei 41 (45/49) cm ab Anschlag, am Modell sind über den 5 (5/6) einzelnen rechten R 5 (1/5) R gestrickt, für den Halsausschnitt die mittleren 13 M locker abketten und beidseitig davon 1x4 und 1x2 M abketten.

Fertigstellung
Am Vorderteil die Motive wie folgt aufsticken:
Die Motive werden stets in der

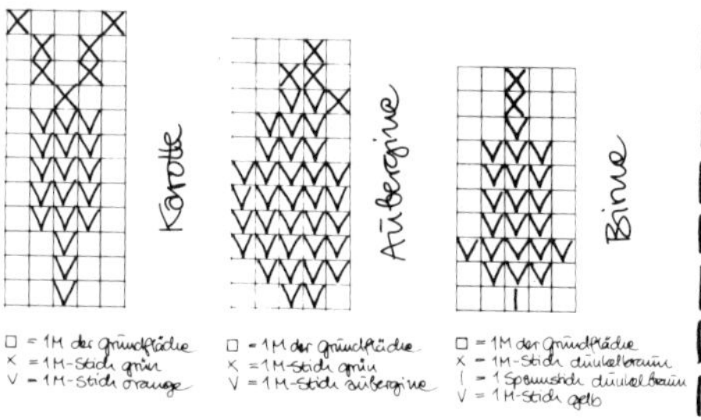

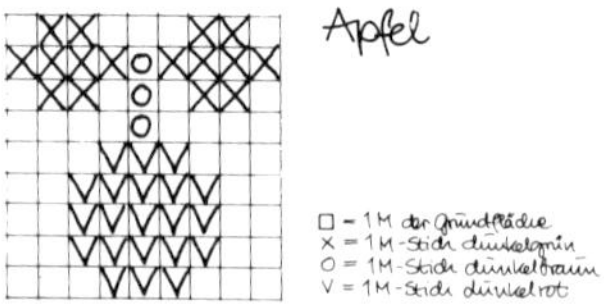

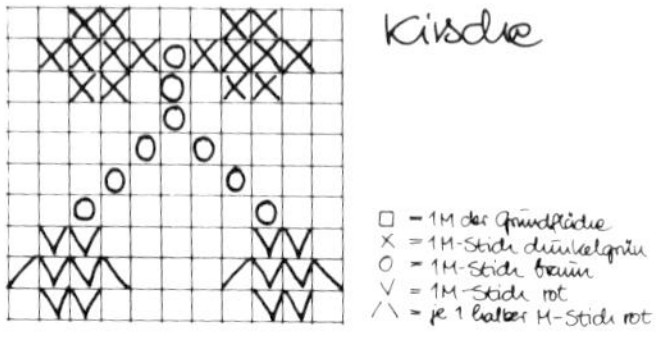

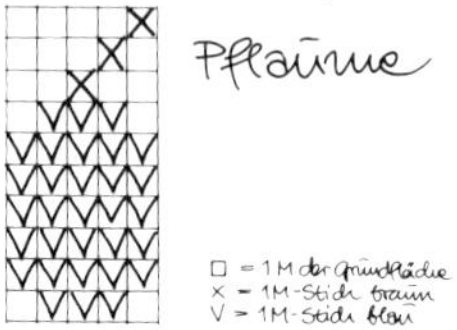

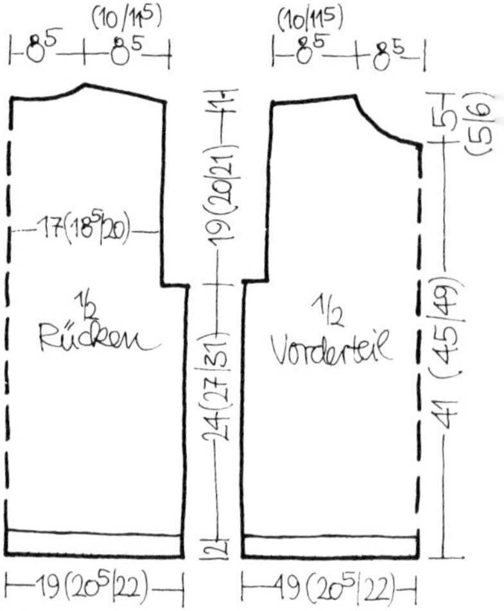

Mitte eines Karos plaziert. In der untersten R vor dem mittleren Karo die Aubergine sticken und nach dem mittleren Karo die Kirschen. Nun weitersticken wie folgt: In der 2. R im mittleren Karo die Birne, in der 3. R über der Aubergine den Apfel und über den Kirschen die Pflaume, in der 4. R im mittleren Karo die Karotte. Für die Größen 140 und 152 in der folgenden R über dem Apfel die Kirschen sticken und über der Pflaume eine Aubergine arbeiten.

Die Teile nach Schnitt spannen, ein feuchtes Tuch darüberlegen und trocknen lassen. Vorerst nur die Schulternähte schließen. Am geraden Rand der Armausschnitte 40 (44/48) M auffassen, im Bündchenmuster arbeiten und nach der 2. Rippe abketten. Nun die Seitennähte 1½ M tief zusammennähen und am Ausschnitt des Rückenteils 24 (25/25) M auffassen und am Vorderteil 32 (33/37) M, dabei jeweils von der Schulter bis zu den 2 M links 10 (10/12) M auffassen, über beiden linken Streifen je 1 M und über den mittleren 13 M 10 (11/11) M. Anschließend abwechselnd 1 Rd links, 1 Rd rechts stricken = Rippen. Nach der 2. Rippe locker abketten.

Angorapulli

Größen 38/40 und 42/44.
Bei unterschiedlichen Angaben: Größe 42/44 in Klammern.

Material
KKK-Wolle, Qualität Diamant Angora. 300 (320) g in Schwarz Nr. 517, 60 g in Pink Nr. 507, je 40 g in Grasgrün Nr. 510, Smaragdgrün Nr. 509 und Königsblau Nr. 511. Je 1 Paar Stricknadeln Nr. 3 und 4, 1 Hilfsnadel.

Grundmuster
Glatt rechts = Hinr. rechts, Rückr. links.

Maschenprobe
Mit Nadeln Nr. 4: 24 M und 34 R = 10 x 10 cm.

Arbeitsanleitung

Rücken
Mit Nadeln Nr. 3 in Grasgrün 130 (138) M anschlagen und 18 cm im Grundmuster arbeiten. Dann die M der 1. R mit den M der letzten R rechts zusammenstrikken, d.h. die M der 1. R auf der Rückseite der Arbeit auf eine Hilfsnadel nehmen und fortlaufend 2 M = von jeder Nadel je 1 M rechts zusammenstricken = 130 (138) M. Anschließend mit den Nadeln Nr. 4 in Schwarz glatt rechts weiterarbeiten. In 12 (13) cm Höhe ab Bund am rechten Rand 50 (54) M stilllegen. Mit den restlichen 80 (84) M 30 R in Schwarz stricken und M stillegen. Nun die stillgelegten 50 (54) M wieder aufnehmen und 30 R in Smaragdgrün arbeiten, dabei entsteht ein Schlitz. Alle M wieder zusammenfügen und über alle M in Schwarz weiterarbeiten. In 27 (28) cm Höhe ab Bund am rechten Rand 100 (104) M in

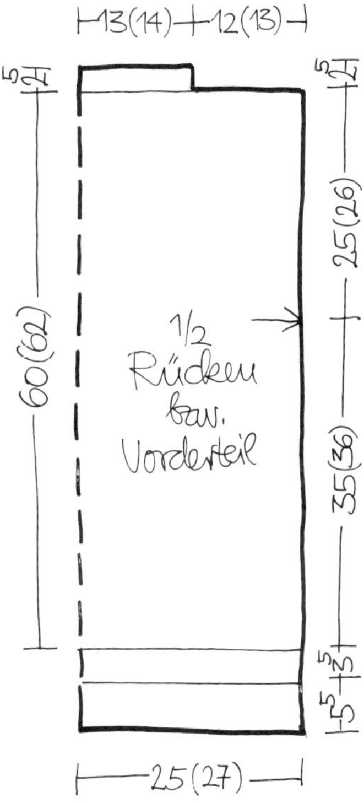

Schwarz stricken, die restlichen 30 (34) M in Königsblau arbeiten. Die Fäden in jeder R verkreuzen. Nach 50 R über alle M in Schwarz stricken. In 48 (50) cm Höhe ab Bund am rechten Rand 45 (49) M stillegen. Mit den restlichen 85 (89) M 20 R in Schwarz stricken und M stillegen. Die 45 (49) M am rechten Rand wieder aufnehmen und in Pink 20 R arbeiten, dabei entsteht ein Schlitz. Nun über alle M in Schwarz weiterarbeiten. In 60 (62) cm Höhe ab Bund beidseitig je 32 (35) M für die Schultern abketten. Mit den mittleren 66 (68) M mit Nadeln Nr. 3 in Smaragdgrün 5 cm stricken. Anschließend die M der 1. grünen R mit der nächstfolgenden R rechts zusammenstricken. M locker abketten.

Vorderteil

Mit Nadeln Nr. 3 in Pink 130 (138) M anschlagen und 7 cm im Grundmuster arbeiten. Dann die M der 1. R mit den M der letzten R rechts zusammenstricken = 130 (138) M. Mit Nadeln Nr. 4 in Schwarz im Grundmuster weiterarbeiten. In 15 (16) cm Höhe ab Bund am rechten Rand 90 (94) M in Schwarz stricken. Die restlichen 40 (44) M in Grasgrün ohne Schlitz arbeiten. 20 R hochstricken, dabei die Fäden in jeder R verkreuzen. In Schwarz bis zu einer Höhe von 30 (31) cm ab Bund stricken. Dann am rechten Rand 50 (54) M in Königsblau arbeiten und die restlichen 80 (84) M in Schwarz ohne Schlitz stricken. 50 R hocharbeiten, dann wieder über alle M in Schwarz stricken. In 51 (53) cm Höhe ab Bund am linken Rand 45 (49) M stillegen. Mit den restlichen 85 (89) M 10 R in Schwarz arbeiten, dann diese M stillegen. Die 45 (49) M der linken Seite in Smaragdgrün 10 R hocharbeiten, so daß ein Schlitz entsteht. Danach wieder über alle M in Schwarz das Teil beenden.

In 60 (62) cm Höhe ab Bund beidseitig je 32 (35) M für die Schultern abketten. Mit den mittleren 66 (68) M mit Nadeln Nr. 3 in Pink die Halsblende wie beim Rückenteil beschrieben arbeiten. M locker abketten. Die Schulternähte schließen.

Linker Ärmel

Mit Nadeln Nr. 4 in Schwarz aus Rücken- und Vorderteil je 60 (62) M auffassen und im Grundmuster arbeiten. Gleichzeitig für die Ärmelschrägen beidseitig in jeder 8. R 13 (14) x 1 M abketten = 94 (96) M. In 15 cm Höhe am rechten Rand 48 (50) M stilllegen. Mit den restlichen M 30 R in Schwarz stricken. Diese M stillegen und die 48 (50) M in Königsblau 30 R hocharbeiten, so daß ein Schlitz entsteht. Danach wieder über alle M in Schwarz stricken. In 30 (31) cm Höhe am rechten Rand 30 (32)

M stillegen. Die restlichen M in Schwarz 18 R stricken. Nun mit den stillgelegten M 18 R in Pink hochstricken, so daß ein Schlitz entsteht. Dann wieder über alle M in Schwarz arbeiten und den Ärmel beenden. In 34 (35) cm Höhe mit Nadeln Nr. 3 in Schwarz 4 cm glatt rechts arbeiten. Dann die M der 1. R mit den M der nächstfolgenden R rechts zusammenstricken. M locker abketten.

Rechter Ärmel

Wie den linken Ärmel arbeiten, jedoch mit anderer Farbeinteilung. Dafür in 12 (13) cm Höhe am rechten Rand 55 (57) M stilllegen und die restlichen M in Schwarz 40 R hocharbeiten. Dann diese M stillegen. Nun die 55 (57) stillgelegten M 40 R in Pink mit Schlitz arbeiten. Danach wieder über alle M in Schwarz stricken. In 29 (30) cm Höhe am linken Rand 40 (42) M stillegen. Mit den restlichen M 18 R in Schwarz stricken. Dann diese M stillegen. Mit den 40 stillgelegten M 18 R in Grasgrün arbeiten, so daß ein Schlitz entsteht. Dann wieder über alle M in Schwarz den rechten Ärmel wie den linken beenden.

Fertigstellung

Seiten- und Ärmelnähte schließen. Für die vordere rechte Saumblende mit Nadeln Nr. 3 in Grasgrün 15 M anschlagen und im Grundmuster arbeiten. In 42 cm Höhe alle M locker abketten. Die linke Saumblende in Königsblau wie die grasgrüne Blende arbeiten.

Anschließend die Blenden auf die Hälfte zusammenlegen, den Mittelpunkt der Blende auf die Seitennaht stecken und dann auf die pinkfarbene Blende verstürzt aufnähen.

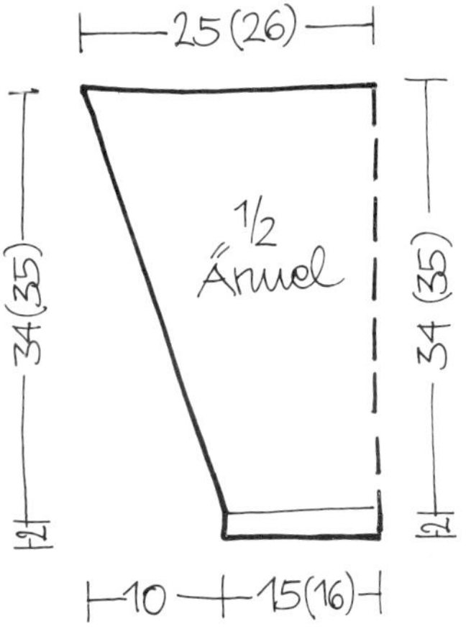

Naturfarbener Kinderpulli

Größen 128, 140 und 152 = ca. 8, 10 und 12 Jahre.
Bei unterschiedlichen Angaben: Größen 140 und 152 in Klammern.
Länge des Modells 52 (55/58) cm, obere Weite 81 (85/89) cm.

Material
H.E.C. Wolle, Qualität aarlan sportiwo. 600 (650/700) g in Ecru Nr. 1957. Für das Vogelmotiv Reste in Rot Nr. 1932, Lila Nr. 1981 und Violett Nr. 1979. Je 1 Paar Stricknadeln Nr. 4½–5 und 5½–6, 1 Nadelspiel Nr. 4½– 5.

Grundmuster I
Mit Nadeln Nr. 5½–6:
1. R (Hinr.): Randm., 1 M rechts, 1 M links.
2. und 4. R (Rückr.): links.
3. R (Hinr.): Randm., 1 M links, 1 M rechts.
Diese 4 R stets wiederholen.

Grundmuster II
Mit Nadeln Nr. 5½–6: Glatt rechts = Hinr. rechts, Rückr. links.

Bündchenmuster
Mit Nadeln Nr. 4½–5: Abwechselnd 2 M rechts, 2 M links.

Maschenprobe
7½ M und 11 R im Grundmuster I und II = 5 x 5 cm.

Arbeitsanleitung

Rücken
50 (54/58) M anschlagen und 7,5 cm im Bündchenmuster arbeiten, auf der Rückseite der Arbeit mit Randm., 2 M rechts beginnen. Anschließend mit Nadeln Nr. 5½–6 weiterarbeiten. In einer R verteilt 13 (12/11) M aufnehmen und gleichzeitig wie folgt einteilen: Randm., 8 M im Grundmuster I arbeiten, 15 (16/17) M im Grundmuster II, 15 (16/17) M im Grundmuster I, 15 (16/17) M im Grundmuster II, 8 M im Grundmuster I und Randm.
Stets nach 24 (26/28) R das Muster versetzen, d.h. über dem Grundmuster I im Grundmuster II stricken und über dem Grundmuster II im Grundmuster I.
In 33 (35/36,5) cm ab Anschlag = 56 (62/66) R ab dem unteren Bündchen für den Armausschnitt beidseitig 1x6 M abketten = 51 (54/57) M. In 17,5 (18,5/20) cm ab Armausschnitt = 38 (40/44) R für die Schulterschrägung beidseitig 2x6 (1x6 und 1x7/2x7) M abketten. Die restlichen 27 (28/29) M ebenfalls lokker abketten.

Vorderteil
Wie das Rückenteil nach Arbeitsanleitung anfertigen.

Ärmel
26 (30/30) M anschlagen und 7 cm im Bündchenmuster arbeiten. Anschließend im Grundmuster I weiterstricken, dabei in der bisherigen Rückr. 1 M rechts, 1 M links stricken und verteilt in der 1. R 11 (9/11) M aufnehmen = 37 (39/41) M. An beiden Kanten 6x alle 4 cm, 1x nach 2 cm und 2x alle 1,5 cm (7x alle 4 cm, 1x nach 3 cm und 1x nach 2 cm/8x alle 4 cm und 2x alle 2 cm) 1 M aufnehmen = 55 (57/61) M. Gerade weiterarbeiten und bei 40,5 (44,5/47,5) cm ab Anschlag alle M abketten.

Fertigstellung
Die Teile nach Schnitt spannen und mit einem feuchten Tuch bedeckt trocknen lassen. Die Nähte schließen, dabei an den Ärmeln die oberen 4 cm offenlassen. Am unteren Rand der Ärmel bei 3 cm Höhe die Nahtkanten auf der Vorderseite der Arbeit vorstehen lassen und 2 cm nach außen umschlagen. Um den Halsausschnitt am Vorder- und Rückenteil je 26 (28/28) M auffassen und im Bündchenmuster arbeiten. Mit der 11. Rd locker abketten und die Hälfte nach innen säumen. Die Ärmel einsetzen, dabei jeweils den offenen Rand an die abgeketteten M am Armausschnitt annähen.
Für das Vogelmotiv entsprechend der Abbildung mit je 2 Fäden in Rot, Lila und Violett in der Mitte der glatten Flächen des Vorderteils Mäschchen einbinden. In den mittleren Flächen ist je 1 rote M, in der unteren, seitlichen Fläche je 1 M lila und 1 M violett. Über der lilafarbenen M ist 1 M violett, über der violetten M ist 1 M lila. Bei jeder M die Enden der 2 Fäden verknüpfen.

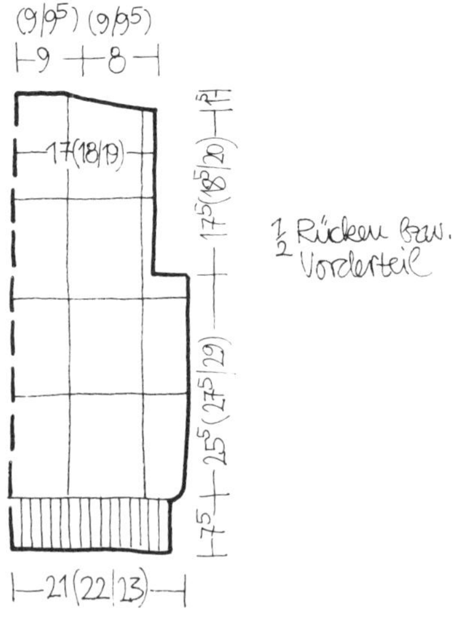

Größen 38/40 und 42/44.
Bei unterschiedlichen Angaben: Größe 42/44 in Klammern.

Material
Schachenmayr Wolle, Qualität Nomotta Topsy. 700 (750) g in Tahiti Nr. 6654, 100 g in Wacholder Nr. 6610 und 100 g in Pink Nr. 6613. Je 1 Paar Stricknadeln Nr. 4½ und 6.

Grundmuster
Mit Nadeln Nr. 6: Glatt links = Hinr. links, Rückr. rechts.

Bündchenmuster
Mit Nadeln Nr. 4½: Abwechselnd 1 M rechts, 1 M links.

Maschenprobe
15 M und 22 R im Grundmuster = 10 x 10 cm.

Arbeitsanleitung

Rücken
In Tahiti 61 (67) M anschlagen und 7 cm im Bündchenmuster stricken. Weiter im Grundmuster arbeiten, dabei in der 1. R verteilt 16 M zunehmen = 77 (83) M. Bei einer Gesamthöhe von 36 cm beidseitig in jeder 2. R 1 (2) x 2 M und 1 (2) x 1 M abketten = 71 M. Gerade weiterarbeiten. Nach 62 R ab Armausschnittbeginn für die Schulterschrägen beidseitig 1 x 8 und 2 x 7 M in jeder 2. R abketten und gleichzeitig für den Halsausschnitt die mittleren 21 M abketten und beidseitig davon noch 1 x 2 und 1 x 1 M.

Vorderteil
Wie Rücken arbeiten. Jedoch für den Halsausschnitt bei einer Gesamthöhe von 57 cm die mittleren 11 M abketten und beidseitig davon in jeder 2. R 3 x 2 M und 2 x 1 M. Die Schulterabnahmen wie am Rückenteil ausführen.

Ärmel
In Tahiti 30 M anschlagen und 2 cm im Bündchenmuster arbeiten. Weiter im Grundmuster stricken, dabei in der 1. R verteilt 8 M zunehmen = 38 M. In jeder 6. R beidseitig 9 x 1 M zunehmen und ab der 60. R ab Anschlag abwechselnd noch 1 x in jeder 4. R, 1 x in jeder 2. R (15 x insgesamt) 1 M zunehmen = 86 M. Anschließend beidseitig 4 x 6 (6 x 4) M und die restlichen 38 M abketten.

Fertigstellung
Teile nach Schnitt spannen und mit feuchten Tüchern bedeckt trocknen lassen.
Schulternähte schließen. Ärmel

einsetzen. Seiten- und Ärmelnähte schließen.
Für den Kragen in Pink 81 M anschlagen und im Bündchenmuster 3 R stricken. Dann in Wacholder weiterarbeiten. Nach 20 cm ab Anschlag die M der letzten R auf den Halsausschnittrand verteilen und mit Steppstichen aufnähen. Dabei in der rückwärtigen Mitte beginnen und enden. Die Seitenränder des Kragens so zusammennähen, daß der Kragen zur Hälfte nach außen umgelegt werden kann.
Für die Ärmelblenden in Pink je 116 (120) M anschlagen und im Bündchenmuster stricken. Nach 2 R ab Anschlag verkürzte R arbeiten: Am Ende jeder folgenden Nadel um 6 M weniger stricken und ohne Umschlag wenden, zurückstricken. Fortlaufend wiederholen, bis nur noch 44 (48) M in der Mitte gestrickt werden, dann alle M auf einen Hilfsfaden legen und gleichmäßig auf die Nähte am linken bzw. rechten Armausschnitt verteilen. Die jeweilige Blende so auflegen, daß der Anschlagrand auf dem Ärmel liegt. Die stillgelegten M mit Steppstichen aufnähen und anschließend die seitlichen Blendenränder zusammennähen.

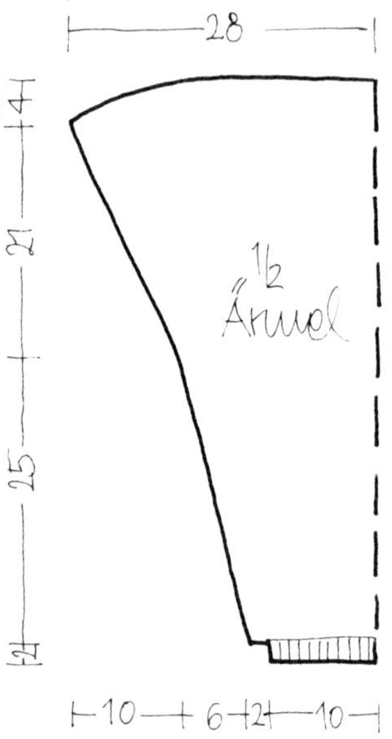

Schicke Damen-Modelle

Pullunder

Größen 38/40 und 42/44.
Bei unterschiedlichen Angaben: Größe 42/44 in Klammern.

Material
KKK-Wolle, Qualität Cara mia: 500 (550) g in Braunmeliert Nr. 1381; Qualität Cantare: 50 g in Brombeer Nr. 116. 1 Paar Stricknadeln Nr. 4½, 1 Rundstricknadel Nr. 4½, Länge 60 cm.

Grundmuster
Mit Nadeln Nr. 4½ im Patentmuster arbeiten.
1.R: *1 M rechts, 1 Umschlag, 1 M wie zum Linksstricken abheben, ab * wiederholen.
2.R: *Die abgehobene M mit dem Umschlag der Vorr. rechts zusammenstricken. 1 Umschlag arbeiten, 1 M abheben. Ab * wiederholen.
Die 2. R stets wiederholen.

Bündchenmuster
Mit der Rundstricknadel Nr. 4½: Abwechselnd 1 M rechts, 1 M links.

Maschenprobe
16 M und 18 R im Grundmuster = 10 x 10 cm.

Arbeitsanleitung Pullunder

Rücken
92 (98) M in Braunmeliert anschlagen und im Grundmuster gerade hochstricken. Nach 70 (72) cm Höhe alle M locker abketten.

Vorderteil
Wie das Rückenteil anfertigen.

Fertigstellung
Die Schulter- und Seitennähte schließen (s. Schnitt). Aus den Armausschnitträndern mit der Rundstricknadel in Braunmeliert 118 (122) M auffassen und 3,5 cm im Bündchenmuster stricken. Dann in Brombeer noch 3,5 cm im Bündchenmuster weiterarbeiten. M locker abketten. Die Armausschnittbündchen zur Hälfte nach außen umlegen und am Rücken- und Vorderteil anheften.

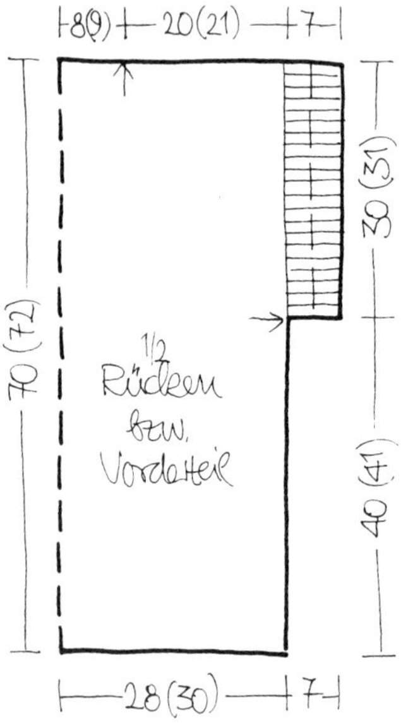

Pulloverkleid

Größen: 36/38 und 40/42.
Bei unterschiedlichen Angaben: Größe 40/42 in Klammern.

Material
KKK-Wolle, Qualität Alpaka Lamé, 220 (240) g in Kamel Nr. 60. 1 Paar Stricknadeln Nr. 2.

Grundmuster
Mit Nadeln Nr. 2: Glatt rechts = Hinr. rechts, Rückr. links.

Bündchenmuster
Mit Nadeln Nr. 2: Abwechselnd 2 M rechts, 1 M links.

Maschenprobe
24 M und 35 R im Grundmuster = 10 x 10 cm.

Arbeitsanleitung Pulloverkleid

Rücken
124 (132) M anschlagen und 7 cm im Bündchenmuster stricken. Anschließend im Grundmuster gerade hoch weiterarbeiten.

In 76 (78) cm Höhe ab Bund für die Schulterschrägung beidseitig in jeder 2. R 4x8 M abketten. In 78 (80) cm Höhe ab Bund die restlichen 60 (68) M für die rückwärtige Halsausschnittkante locker abketten.

Vorderteil
Wie das Rückenteil anfertigen.

Ärmel
52 (56) M anschlagen und 7 cm im Bündchenmuster stricken. Anschließend im Grundmuster weiterarbeiten, dabei in der 1. R 26x aus jeder 2. M 2 M herausstricken = 78 (82) M. Für die Ärmelschrägung beidseitig abwechselnd in jeder 2. und 4. R 31 (32) x 1 M zunehmen = 140 (146) M. In 31 (32) cm Höhe ab Bund alle M locker abketten.

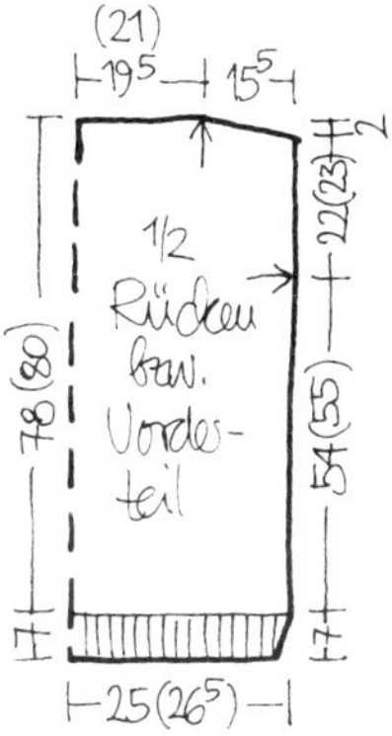

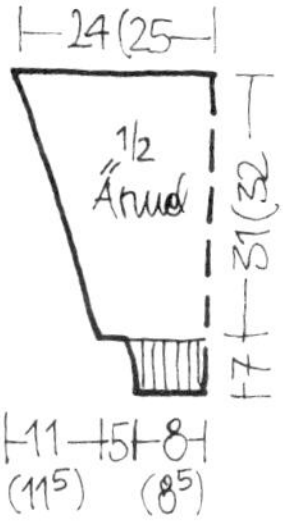

Rollkragen
Der Rollkragen wird quergestrickt. Dafür 108 M mit Nadeln Nr. 2 anschlagen und 58 (61) cm im Bündchenmuster gerade hochstricken. Anschließend alle M locker abketten.

Fertigstellung
Schulter- und Seitennähte bis zum Pfeil schließen. Ärmelnähte schließen. Ärmel einsetzen. Rollkragen in der Breite zusammennähen und quer an die Halsausschnittränder nähen.

Pulli
Größen 36/38 und 40/42.
Bei unterschiedlichen Angaben: Größe 40/42 in Klammern.

Material
KKK-Wolle, Qualität Cara mia: 450 (500) g in Graumeliert Nr. 1377; Qualität Cantare: 100 g in Brombeer Nr. 116. Je 1 Paar Stricknadeln Nr. 3 und 3½ und 1 Rundstricknadel Nr. 3, 40 cm lang.

Grundmuster
Mit Nadeln Nr. 3½ im Patentmuster arbeiten.
1. R: *1 M rechts, 1 Umschlag, 1 M wie zum Linksstricken abheben, ab * wiederholen.
2. R: *Die abgehobene M mit dem Umschlag der Vorr. rechts zusammenstricken, 1 Umschlag, 1 M abheben. Ab * wiederholen. Die 2. R stets wiederholen.

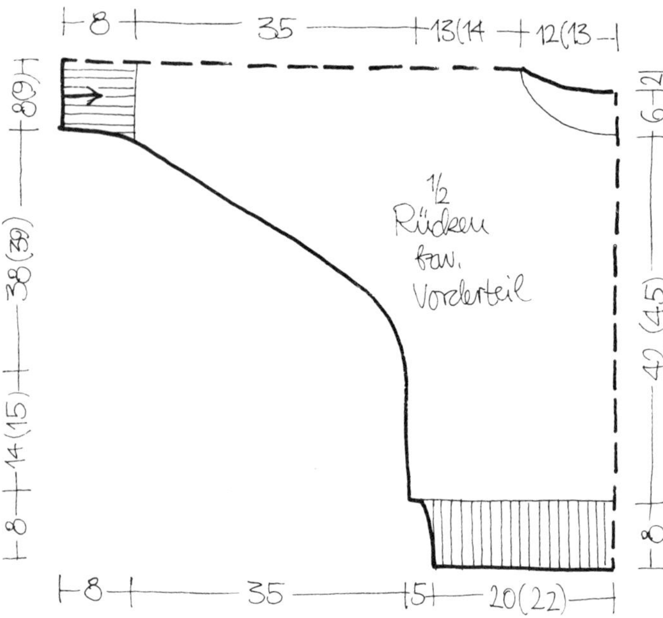

Streifenfolge
Nach jeweils 3, 64, 90 cm Höhe ab Bündchen 2 R in Brombeer stricken.

Bündchenmuster
Mit Nadeln Nr. 3: Abwechselnd 1 M rechts, 1 M links.

Maschenprobe
Mit Nadeln Nr. 3½: 18 M und 30 R = 10 x 10 cm.

Arbeitsanleitung Pulli

Der Pulli wird in einem Stück von Ärmel zu Ärmel quergestrickt. Der Pfeil im Schnitt kennzeichnet die Strickrichtung.
Am rechten Ärmel beginnen. Dafür in Graumeliert 40 (44) M anschlagen und 8 cm im Bündchenmuster stricken, anschließend im Grundmuster und in der Streifenfolge weiterarbeiten. Zugleich in der 1. R beidseitig je 2 M dazu anschlagen = 44 (48) M. Für die Fledermausärmel beidseitig in jeder 4. R 21 x 1 und 5 x 2 M zunehmen = 106 (110) M.
Nach 35 cm ab Bündchen für Rücken- und Vorderteil beidseitig je 22 (26) M zunehmen = 150 (162) M. Noch 13 (14) cm geradeaus weiterstricken, dann für

den Halsausschnitt die Arbeit in der Mitte teilen. Beim rückwärtigen Teil in jeder 2. R 3x1 M abketten. Nach 12 (13) cm ab Ausschnittbeginn ist die rückwärtige Mitte erreicht. Den Ausschnitt gegengleich zu Ende stricken. Dabei werden die Abnahmen zu Zunahmen. Die M stillegen. Für den Ausschnitt am Vorderteil in jeder 2. R 6x1 M abketten. Nach 12 (13) cm ab Ausschnittbeginn nun den Ausschnitt gegengleich zu Ende stricken. Danach über alle M im Zusammenhang den Pulli gegengleich beenden.

Fertigstellung
Aus den Taillenkanten je 74 (78) M auffassen und für das Bündchen 8 cm stricken. Fledermausärmelnähte schließen. Aus den Halsausschnitträndern mit der Rundstricknadel 90 (94) M auffassen und 13 cm im Grundmuster arbeiten. An der linken Seite für den Schleifendurchzug nach 11 cm 3 M abketten. M locker abketten. Das Halsausschnittbündchen zur Hälfte nach außen umlegen und festheften.

Schleife
Mit Nadeln Nr. 3½ in Brombeer 12 M anschlagen und kraus rechts = Hinr. rechts, Rückr. rechts gerade hochstricken. Nach 48 cm Höhe beidseitig 3 M abketten. Anschließend noch 23 cm geradeaus arbeiten und dann die Schleife gegengleich beenden. Alle M locker abketten. Die Schleife durch das Halsausschnittbündchen ziehen und locker binden.

Blauer Herrenpullover

Größen 48 und 50/52.
Bei unterschiedlichen Angaben: Größe 50/52 in Klammern.
Die obere Weite des Modells beträgt 104 (110) cm, die ganze Länge 70 (72) cm.

Material
Schaffhauser Wolle, Qualität Salvatore.
710 (750) g in Rauchblau Nr. 85 und je 15 (20) g in Rost Nr. 62, Blau Nr. 32 und Braun Nr. 98. Je ein Paar Stricknadeln Nr. 3½ und 4½ und ein Nadelspiel Nr. 3½.

Grundmuster
Mit Nadeln Nr. 4½: Glatt rechts = Hinr. rechts, Rückr. links.

Bündchenmuster
Mit Nadeln Nr. 3½: Abwechselnd 2 M rechts, 2 M links.

Maschenprobe
Mit Nadeln Nr. 4½: 10½ M sind 5 cm Breite.

Arbeitsanleitung

Rücken
110 (118) M in Rauchblau anschlagen und 7 cm im Bündchenmuster stricken. Dann weiter im Grundmuster arbeiten, dabei in der 1. R 1 M zunehmen = 111 (119) M. Bei einer Gesamthöhe von 45 (46) cm ab Anschlag für den Armausschnitt beidseitig 4 (6), 3, 2, 2, 1, 1 M abketten = 85 (89) M. Bei 22 (23) cm ab Armausschnittbeginn für die Achselschrägung beidseitig 1 x 5, 3 x 6 (3 x 6, 1 x 7) M abketten und gleichzeitig mit der 2. Abnahme für den Halsausschnitt die mittleren 29 M und beidseitig davon noch 3, 2 M abketten.

Vorderteil
Wie Rückenteil anfertigen, jedoch bei 60 (62) cm ab Anschlag für den Halsausschnitt die mittleren 11 M abketten, dann beidseitig davon noch 4, 3, 2, 2, 1, 1, 1, M abketten.

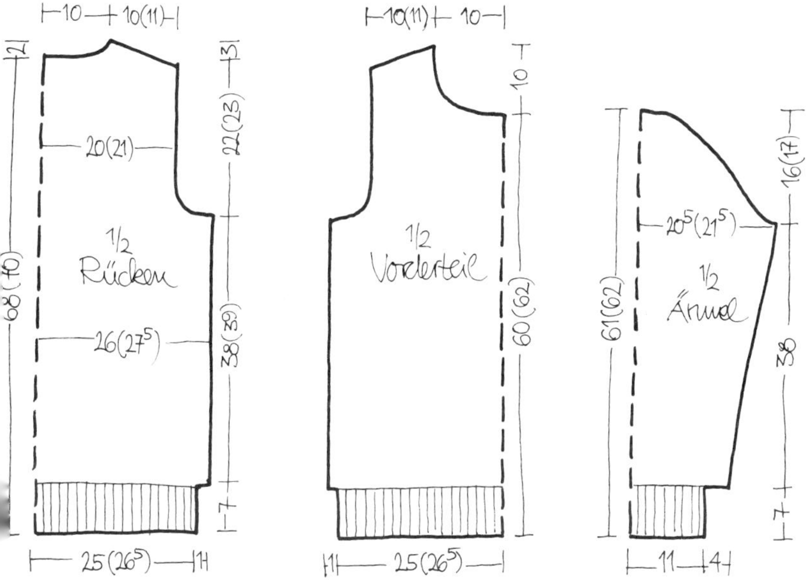

Ärmel

46 M in Rauchblau anschlagen und 7 cm im Bündchenmuster stricken. Dann weiter im Grundmuster arbeiten, dabei in der 1. R verteilt 17 M aufnehmen = 63 M. Beidseitig 13x abwechselnd 1x nach 2,5 cm und 1x nach 3 cm (5x alle 2 cm und 10x alle 2,5 cm) je 1 M aufnehmen = 89 (93) M. Bei 45 cm ab Anschlag für die Armkugel beidseitig wie folgt abnehmen: 4, 2, 1, 1, 1, 2, 1, 1, 2, 1, 1, 2, 1, 1, 2, 1, 1, 1, 2, 2, 2, 3, 3 (4, 2, 1, 1, 2, 1, 1, 2, 1, 1, 2, 1, 1, 2, 1, 1, 2, 1, 1, 2, 2, 2, 3, 3) M, anschließend die restlichen 13 M gerade abketten.

Fertigstellung

Bei allen vier Teilen ab Bündchen im Maschenstich die Musterreihen aufsticken. Zwischen den einzelnen R bleiben 13 M frei. Rücken- und Vorderteil werden gleich gearbeitet. In der Mitte der Arbeit 1 R in Braun arbeiten, links davon folgen je 1 R in Rost, Blau, Braun und rechts davon je 1 R in Blau, Rost und Braun. Bei beiden Ärmeln in der Mitte 1 R in Rost arbeiten. Für den rechten Ärmel links davon 1 R in Braun und 1 R in Blau, rechts davon 1 R in Blau und 1 R in Braun arbeiten. Für den linken Ärmel links davon 1 R in Blau und 1 R in Braun, rechts davon 1 R in Braun und 1 R in Blau. Nähte schließen und Ärmel einsetzen. Nun rings um den Halsausschnitt in Rauchblau 92 M mit dem Nadelspiel Nr. 3 ½ auffassen und die 1. Rd links stricken. Anschließend im Bündchenmuster weiterarbeiten.
Nach 4 cm alle M abketten und das Bündchen zur Hälfte nach innen säumen.

Kinderpulli mit Raglan

Größen 8, 10, 12 und 14 Jahre. Bei unterschiedlichen Angaben: Größen 10, 12 und 14 Jahre in Klammern.

Material

Pingouin Wolle, Qualität Pingostar. 400 (450/450/500) g in Ecru Nr. 553 sowie je 50 g in Cobalt Nr. 527, Persan Nr. 508, Feu Nr. 531, Giroselle Nr. 530. Je 1 Paar Stricknadeln Nr. 3½ und 4½, 1 gelber Knopf.

Grundmuster I

Mit Nadeln Nr. 4½ wie folgt arbeiten:
1. R: *3 M links, 2 M rechts*.
2. und alle weiteren geraden R: links.
3. R: *1 M links, 2 M rechts, 2 M links*.

5. R: Das Muster in der 1. R wieder aufnehmen.

Grundmuster II
Mit Nadeln Nr. 4½ wie folgt arbeiten:
1. R: *1 M rechts, 1 M links*.
2. und alle weiteren geraden R: links.
3. R: *1 M links, 1 M rechts*.
5. R: Das Muster in der 1. R wieder aufnehmen.

Bündchenmuster
Mit Nadeln Nr. 3½: Abwechselnd 1 M rechts, 1 M links.

Maschenprobe
19 M und 28 R im Grundmuster I = 10 x 10 cm.

Arbeitsanleitung

Rücken
74 (79/84/89) M in Ecru anschlagen und 6 cm im Bündchenmuster stricken.
Anschließend mit 3 M rechts beginnen, dann ab * im Grundmuster I fortfahren. In 31 (33/35/37) cm Gesamthöhe beidseitig für die Raglanschrägungen alle 2 R 1 x 2 (3/3/3) M und 24 (25/27/29) x 1 M abketten. Die restlichen 22 (23/24/25) M auf einmal abketten.

Vorderteil
75 (80/85/90) M in Ecru anschlagen und 6 cm im Bündchenmuster stricken. Anschließend im Grundmuster I fortfahren, dabei mit 4 M links, 2 M rechts beginnen, dann ab * im Grundmuster I weiterarbeiten. In 31 (33/35/37) cm Gesamthöhe für die Raglanschrägungen beidseitig alle 2 R 1 x 2 (3/3/3) M und 23 (24/26/28) x 1 M abketten. Gleichzeitig nach 39 (42/45/48) cm Gesamthöhe für den Halsausschnitt die Arbeit in der Mitte teilen, dabei für die Größen 8 und 12 Jahre die mittlere M abketten. Jede Seite getrennt beenden, dabei an der Halsausschnittkante abwechselnd *1 x 1 M alle 2 R, 1 x 1 M in jeder R* abnehmen, insgesamt 6 (6/6/7) x; dann noch 1 x 1 M alle 2 R für die Größen 10 und 12 Jahre.

Ärmel
Mit dem linken Ärmel beginnen. 40 (40/42/44) M in Cobalt anschlagen und 5 cm im Bündchenmuster stricken. Anschließend in Ecru im Grundmuster I weiterarbeiten, dabei in der 1. R 4 (8/10/12) M verteilt zunehmen. Beidseitig alle 6 R 2 x 1 M zunehmen, dann alle 8 R 9 x 1 M für die Größen 8 und 10 Jahre (11 x 1 M alle 8 R für die Größen 12 und 14 Jahre).
Man erhält 66 (70/74/78) M. Ab 34 (36/38/40) cm Gesamthöhe in Feu im Grundmuster II weiterstricken.
Nach 35 (37/39/41) cm Gesamthöhe für die Raglanschrägung

beidseitig alle 2 R 1x2 M abketten, dann an der linken rückwärtigen Kante 24 (25/27/29) x1 M und gleichzeitig an der rechten vorderen Kante 23 (24/26/28) x 1 M, danach alle 2 R abketten, und zwar 1x8 M und 1x7 M für die Größe 8 Jahre (1x8 M und 1x9 M für die Größen 10, 12 und 14 Jahre).
Den rechten Ärmel gegengleich arbeiten, jedoch in Ecru und im Grundmuster I bis zum Arbeitsende stricken.

Halsausschnitteinsatz
3 M in Persan anschlagen und im Bündchenmuster stricken, dabei beidseitig abwechselnd 8 (8/9/9) x 1 M alle 2 R und 1 M in jeder R zunehmen. Gleichzeitig ab der 18. (18./20./20.) R die mittleren 9 (9/11/11) M abketten und jede Seite getrennt beenden, dabei an der Innenkante alle 2 R 1x4, 1x3, 2x2 M und die restlichen 2 (2/3/3) M abketten.

Tasche
Mit Nadeln Nr. 4½ in Giroselle 21 (21/23/23) M anschlagen und im Grundmuster II zunächst 8 (8/9/9) cm stricken, dann im Bündchenmuster weiterarbeiten, dabei in der 2. R in der Mitte der Arbeit ein Knopfloch über 1 M einarbeiten. In der 5. im Bündchenmuster gestrickten R abketten.

Fertigstellung
Raglannähte bis auf eine rückwärtige Naht schließen. Den Einsatz in den vorderen Halsausschnitt einnähen. Für die Halsausschnittblende in Persan mit Nadeln Nr. 3½ rund um den Halsausschnitt 74 (78/80/82) M auffassen, 4 R im Bündchenmuster stricken, dabei darauf achten, daß die Rippen mit denen des Einsatzes übereinstimmen. In der 5. R abketten. Die noch offene Raglannaht und die Halsausschnittblende schließen. Die Tasche mit der Rückseite des Musters nach außen auf den linken Ärmel in die Mitte aufsetzen. Die obere Kante des Bündchenmusters stößt auf den unteren Teil in Feu. Ärmel- und Seitennähte schließen. Den Taschenknopf annähen.

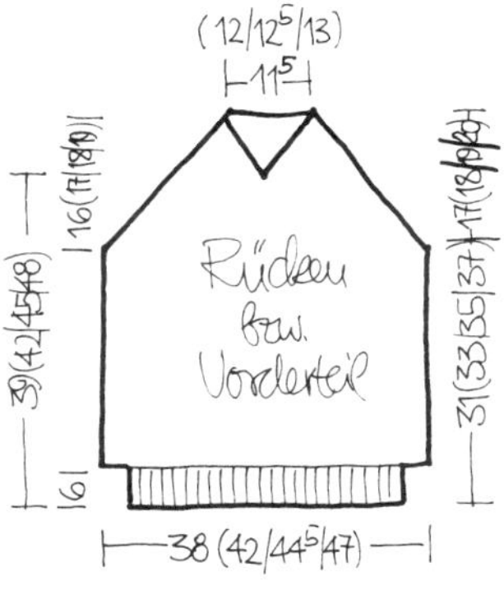

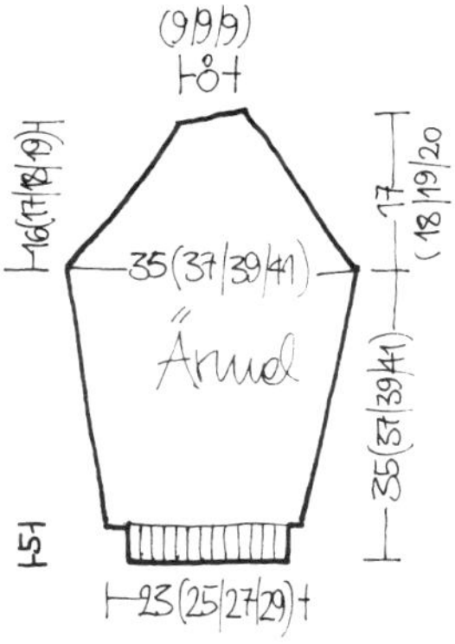

Pullis in Weiß

Linker Pulli

Größen 38/40 und 42/44. Bei unterschiedlichen Angaben: Größe 42/44 in Klammern.

Material
Italana-Wolle Nr. 13, 280 (320) g in Weiß Nr. 1301. 1 Paar Stricknadeln Nr. 6, Häkelnadel Nr. 6.

Grundmuster
Lochrippen wie folgt arbeiten:
1. R: 2 M links, 1 Umschlag, 2 M verschränkt zusammenstricken.
2. R: Alle M stricken, wie sie erscheinen.
Die 1. und 2. R fortlaufend wiederholen.

Maschenprobe
19 M und 24 R = 10 x 10 cm.

Arbeitsanleitung

Rücken
114 (118) M anschlagen und im Grundmuster gerade hochstrikken (jede R beginnt und endet mit 1 Randm.). In 35 (50) cm Höhe für den Halsausschnitt die mittleren 10 M und beidseitig davon noch in jeder 2. R 1x8 M, 1x6 M, 1x3 M und 1x1 M abket-

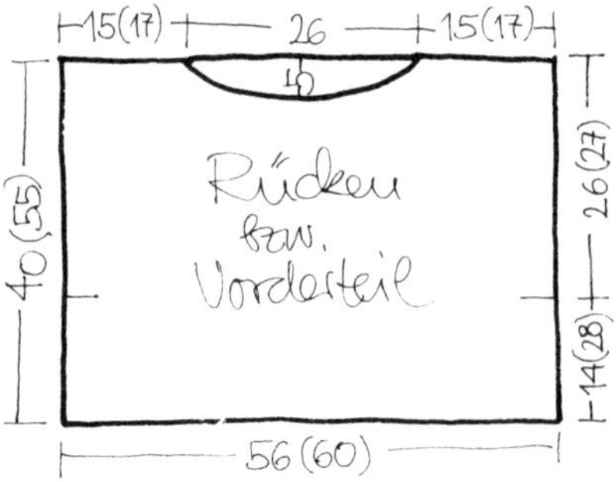

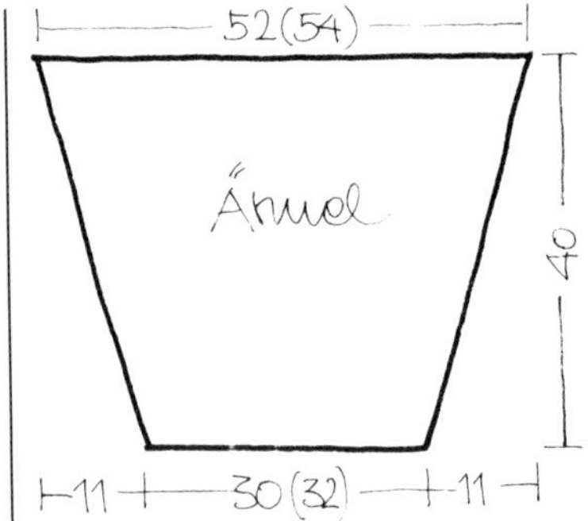

ten. In 40 (55) cm Höhe die restlichen M abketten.

Vorderteil
Wie das Rückenteil anfertigen.

Ärmel
60 (64) M anschlagen und im Grundmuster stricken, dabei 28x in jeder 4. R beidseitig je 1 M zunehmen. In 40 cm Höhe alle M abketten.

Fertigstellung
Schulternähte schließen. Die offenen Ärmel an die Ärmelansatzkanten nähen, Ärmel- und Seitennähte schließen. Evtl. die Ausschnittkante mit einer Rd im Krebsstich umhäkeln.

Rechter Pulli

Größe 36–40

Material
Italana-Wolle Nr. 13. 340 g in Weiß Nr. 1301. Je 1 Paar Stricknadeln Nr. 5 und 6, 1 Rundstricknadel Nr. 5.

Grundmuster
Mit Nadeln Nr. 6 im Patentmuster wie folgt arbeiten:
1. R: Randm., *1 Umschlag, 1 M rechts abheben, 1 M rechts*. Von * bis * wiederholen. Die R endet mit 1 Randm.
2. R: Randm., 1 Umschlag, 1 M rechts abheben, *1 M rechts und dabei den Umschlag und die abgehobenen M der Vorr. zusammen abstricken, 1 Umschlag arbeiten, 1 M rechts abheben*. Von * bis * wiederholen, R endet mit 1 Randm.
Die 1. und 2. R fortlaufend wiederholen.

Bündchenmuster
Mit Nadeln Nr. 5: Abwechselnd 1 M rechts, 1 M links.

Maschenprobe
Mit Nadeln Nr. 6 im Grundmuster: 13 M und 32 R (16 sichtbare R) = 10 x 10 cm.

Arbeitsanleitung

Rücken
72 M anschlagen und 6 R im Bündchenmuster stricken. Dann anschließend im Grundmuster weiterarbeiten. In 18 cm Gesamthöhe für die Raglanschrägung beidseitig in jeder 6. R 15 x je 1 M abnehmen. In 45 cm Gesamthöhe für den Halsausschnitt die mittleren 12 M und dann beidseitig in jeder 2. R 1 x 10 und 1 x 5 M abketten.

Vorderteil
Wie das Rückenteil anfertigen.

Ärmel
42 M anschlagen und 6 R im Bündchenmuster stricken. Dann im Grundmuster weiterarbeiten und dabei beidseitig in jeder 8. R 16x 1 M zunehmen. In 42 cm Gesamthöhe beidseitig in jeder R 38x 1 M abnehmen. Die letzten 4 M auf einmal abketten.

Fertigstellung
Alle Nähte sind auf der rechten Seite! Die Raglanschrägung der Ärmel an die Schrägung von Vorder- und Rückenteil nähen. Ärmel- und Seitennähte schließen. Für den Halsausschnitt mit der Rundstricknadel ca. 110 M aus der Halskante aufnehmen und 5 Rd im Bündchenmuster stricken. Dann alle M gleichmäßig abketten.

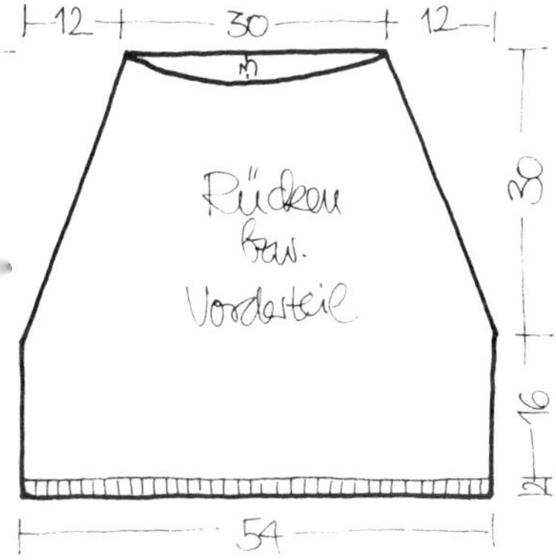

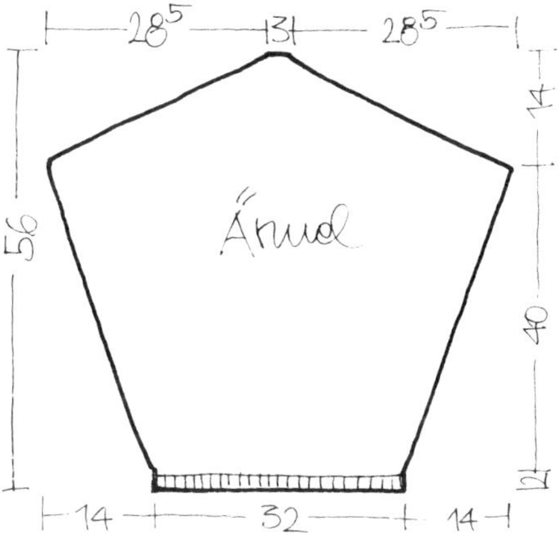

2 lässige Pullis

Linkes Modell

Größe 38/40

Material
Austermann Wolle, Qualität Linocolor: 500 g in Meliert Nr. 72; Qualität Cordon: 3 Strängchen in Dunkelblau Nr. 59. 1 Rundstricknadel Nr. 3, 80 cm lang, 1 Rundstricknadel Nr. 3½, 100 cm lang.

Grundmuster
Mit Nadel Nr. 3½: Glatt rechts = Hinr. rechts, Rückr. links (in Rd nur rechte M).

Passenmuster
Mit Nadel Nr. 3½: Glatt rechts = Hinr. rechts, Rückr. links (in Rd nur rechte M).

Bündchenmuster
Mit Nadel Nr. 3: Abwechselnd 3 M rechts, 3 M links.

Maschenprobe
21 M und 30 R im Grundmuster = 10 x 10 cm.

Arbeitsanleitung

Der Pullover wird bis zur Rundpasse in Meliert gestrickt, Rükken- und Vorderteil werden bis zum Armausschnitt in Rd gearbeitet. Dafür mit der Rundstricknadel Nr. 3 in Meliert 185 M anschlagen und über 12 cm im Bündchenmuster in Rd arbeiten. Nun mit Nadel Nr. 3½ im Grundmuster in Rd weiterstricken und dabei in der 1. Rd verteilt 43 M zunehmen = 228 M. Bis zu einer Gesamthöhe von 36 cm in Rd

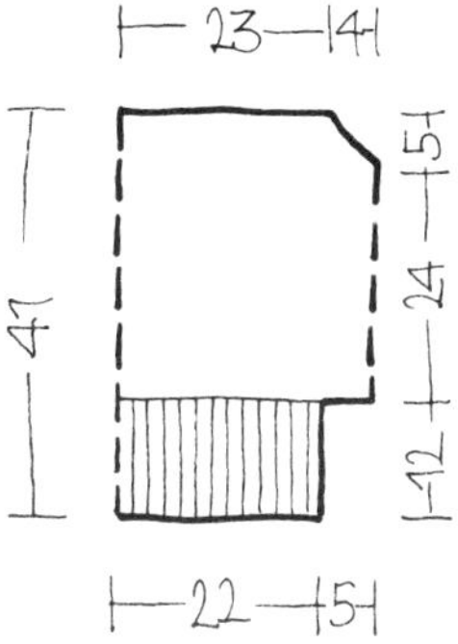

½ Rücken bzw. Vorderteile

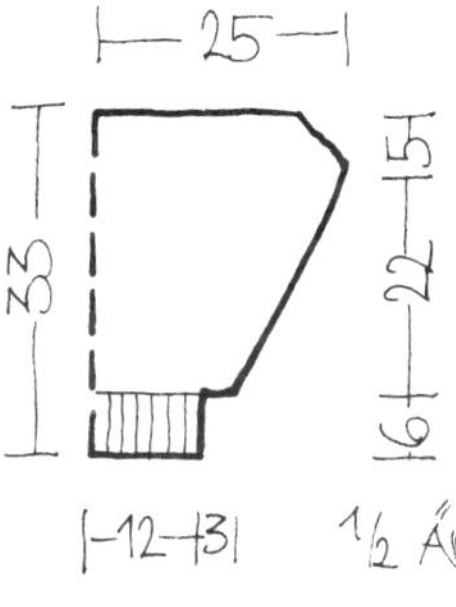

½ Ärmel

stricken und dann die Arbeit in 2x148 M teilen. Jetzt für die Schrägung bis zur Rundpasse an beiden Teilen beidseitig je 6x1 M in jeder R und 3x1 M in jeder 3. R abnehmen = 130 M je Teil. Nach einer Gesamthöhe von 41 cm vorne und hinten die restlichen M stillegen.

Ärmel
Den Ärmel in R arbeiten. Mit Nadel Nr. 3 in Meliert 50 M anschlagen und 6 cm im Bündchenmuster arbeiten. Nun mit Nadel Nr. 3½ im Grundmuster weiterarbeiten und in der 1. R verteilt 14 M zunehmen = 64 M. Bis zu einer Höhe von 28 cm beidseitig je 1x1 M in jeder 6. R und 20x1 M in jeder 3. R zunehmen. Anschließend die gleiche Raglanschrägung wie am Vorder- und Rückenteil vornehmen. Nach einer Gesamthöhe von 33 cm die restlichen M stillegen.

Rundpasse
Die Rundpasse wird in Rd = 2 Rd rechte M in Dunkelblau und 6 Rd linke M in Meliert im Wechsel gearbeitet. Dafür in Dunkelblau beginnend die stillgelegten M von Ärmel, Rücken und Vorderteil abwechselnd auf die Rundstricknadel Nr. 3½ nehmen und über die ganze Breite in Rd arbeiten. Dabei verteilt 6x35 M in jeder 5. Rd abnehmen = 151 M. Im Verlauf der Arbeit das Teil auf eine kürzere Rundstricknadel nehmen. Als Abschluß am Halsausschnitt 5 Rd rechte M in Dunkelblau arbeiten, zur Hälfte nach innen schlagen und befestigen.

Fertigstellung
Ärmelnähte und übrige Nähte bis zur Rundpasse schließen.

Rechtes Modell

Größe 38.

Material
Austermann Wolle, Qualität Linocolor: 550 g in Meliert Nr. 75; Qualität Reine Seide: je 50 g in Hellblau und Rosa. Je 1 Rundstricknadel Nr. 3 und 3½, 100 cm lang, und je 1 Rundstricknadel Nr. 3, 4 und 5, 40 cm lang. 1 Nadelspiel Nr. 3. Gummiband für die Ärmelbündchen.

Grundmuster
Mit Nadel Nr. 3½ (100 cm lang): Glatt links = Hinr. links, Rückr. rechts.

Bündchenmuster
Mit Nadel Nr. 3 (40 cm lang): Abwechselnd 1 M rechts, 3 M links.

Einstrickmuster
Mit Nadel Nr. 3½ : Glatt rechts = Hinr. rechts, Rückr. links.

Maschenprobe
22 M und 30 R im Grundmuster = 10 x 10 cm.

Arbeitsanleitung

Rücken
80 M in Meliert anschlagen und 8 cm im Bündchenmuster stricken. Im Grundmuster fortfahren, dabei in der 1. R verteilt 26 M zunehmen = 106 M. Für den durchgehenden vertikalen Streifen die M wie folgt einteilen: 16 M in Meliert, 14 M in Hellblau im Einstrickmuster glatt rechts, die restlichen 76 M in Meliert. Gleichzeitig mit den Zunahmen für die Armerweiterung beginnen. In jeder 2. R beidseitig 19 x 1, 8 x 2, 5 x 3, 5 x 4, 4 x 3 und 4 x 10 M zunehmen = 350 M. Für den 1. rosafarbenen Streifen in 12 cm Höhe vom Ende des blauen Streifens an 48 M in Rosa stricken, jeweils bei Beginn der anderen Farbe die Fäden verkreuzen, um Löcher zu vermeiden. Der Streifen ist 5 cm breit = 15 R. Nach einer Gesamthöhe von 33 cm den 2. rosafarbenen Streifen einarbeiten. Hierfür 10 M von dem blauen Streifen in Rosa arbeiten und insgesamt 60 M stricken. Der Streifen ist ebenfalls 5 cm breit. In 56 cm Gesamthöhe für den hinteren Halsausschnitt die mittleren 20 M abketten. Nun beide Ausschnitthälften getrennt beenden. In jeder 2. R 9 x 1 und 5 x 1 M abketten = 151 M. Nach insgesamt 58 cm Höhe alle M abketten.

Vorderteil
Die erste Vorderteilhälfte wie das Rückenteil anfertigen, jedoch für den Halsausschnitt in 52 cm Gesamthöhe wie folgt in jeder 2. R abnehmen: 1 x 8, 1 x 4, 2 x 3, 1 x 2, 4 x 1 M = 24 M. Die restlichen 151 M abketten. Die zweite Vorderteilhälfte gegengleich stricken.

Fertigstellung
Teile nach Schnitt spannen und mit feuchten Tüchern bedeckt trocknen lassen. Die Ärmel- und Seitennähte schließen. An den

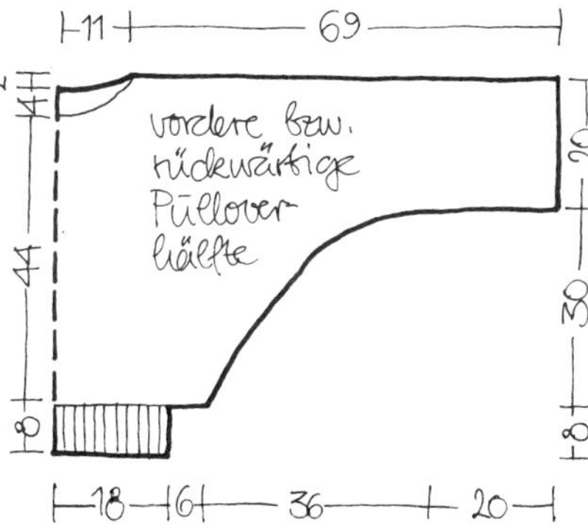

Ärmeln mit dem Nadelspiel 68 M aufnehmen und 2 cm glatt rechts in Rd stricken. M lose abketten, und das Bündchen nach innen umnähen, dabei eine Öffnung für das Gummiband lassen. Gummiband einziehen.

Aus dem Halsausschnitt mit der Rundstricknadel Nr. 3 (40 cm lang) 100 M herausstricken und 7 cm im Bündchenmuster stricken, die nächsten 7 cm mit Nadel Nr. 4 und die letzten 5 cm mit Nadel Nr. 5. Anschließend die M locker abketten.

Melierter Pulli

Größen 38, 40 und 42.
Bei unterschiedlichen Angaben: Größen 40 und 42 in Klammern.

Material
Lana Grossa Wolle, Qualität Fiocco: 400 g in Meliert Nr. 3308; Qualität Susan: 100 g in Dunkellila Nr. 734. 1 Paar Stricknadeln Nr. 5, 1 Häkelnadel Nr. 5.

Grundmuster
Mit Nadeln Nr. 5: Glatt rechts = Hinr. rechts, Rückr. links.

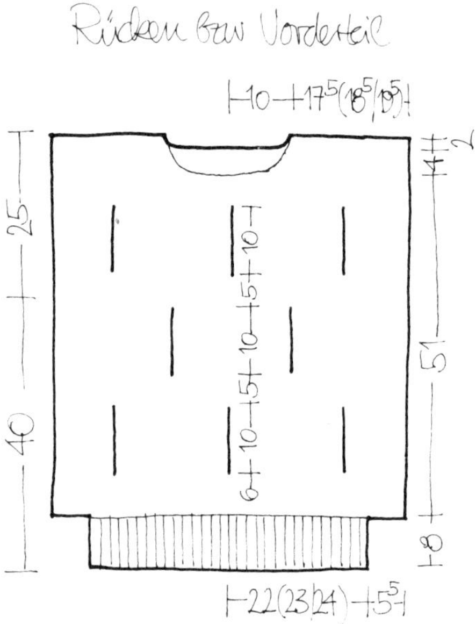

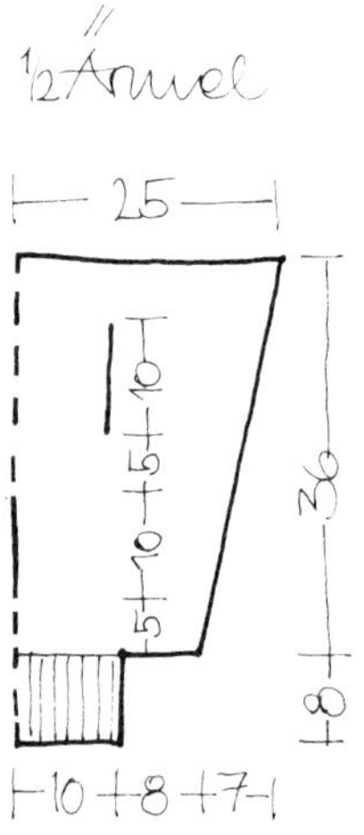

Kellerfalte

Für das Anfertigen einer Kellerfalte werden zusätzlich zwei Hilfsnadeln benötigt.

16 M in Dunkellila anschlagen und diese in die Arbeit zwischen den folgenden 8 melierten M einfügen (siehe Arbeitsanleitung). Nun die jeweiligen Farbflächen mit einzelnen Knäueln arbeiten und die Fäden in der 2. R miteinander verkreuzen.

1. R (Hinr.): In Meliert 3 M rechts, 1 melierte M rechts abheben. In Dunkellila 3 M rechts, 1 M links, 8 M rechts, 1 M links, 3 M rechts, dann 1 melierte M rechts abheben, 3 M rechts in Meliert.

2. R (Rückr.): M stricken, wie sie erscheinen, dabei die abgehobenen melierten M links stricken. In 10 cm Gesamthöhe werden die 4 melierten M auf eine Hilfsnadel genommen, die folgenden 3 rechten M und die linke M in Dunkellila auf eine 2. Hilfsnadel heben und diese umdrehen. Nun legt man alle 3 Nadeln parallel nebeneinander und strickt in Meliert jeweils die 3 vorderen M dieser Nadeln (= von jeder Nadel 1 M) zusammen. Dann die folgenden 4 rechten M in Dunkellila wieder auf die 1. Hilfsnadel fassen, die linken M und die 3 rechten in Dunkellila nimmt man auf die 2. Hilfsnadel und dreht sie um. Die 3 Nadeln wieder parallel legen und in Meliert immer die 1. M jeder Nadel rechts zusammenstricken.

Bündchenmuster

Abwechselnd 1 M rechts, 1 M links.

Maschenprobe

9 M und 12 R = 10 x 10 cm.

Arbeitsanleitung

Rücken

40 (42/44) M in Meliert anschlagen und 8 cm im Bündchenmuster stricken. In der folgenden R gleichmäßig verteilt 10 M auffassen = 50 (52/54) M und im Grundmuster weiterarbeiten. In 63 cm Gesamthöhe für den rückwärtigen Halsausschnitt die mittleren 16 M abketten. Die Teile werden getrennt gearbeitet. Für die weitere Halsausschnittrundung in der 2. R noch 1x1 M abketten. In 65 cm Gesamthöhe die restlichen M abketten. Die zweite Halsausschnittrundung gegengleich stricken.

Vorderteil

Wie das Rückenteil anfertigen, jedoch in 14 cm Gesamthöhe in einer Rückr. die 1. Kellerfaltenreihe wie folgt einrichten: 5 (6/7) M im Grundmuster, 1 Kellerfalte, 8 M im Grundmuster, 1 Kellerfalte, 8 M im Grundmuster, 1 Kellerfalte, 5 (6/7) M im Grundmuster. Die Kellerfalten wie vorstehend beschrieben beenden. In 29 cm Gesamthöhe die 2. Kellerfaltenreihe arbeiten. Hierfür in

einer Rückr. 13 (14/15) M Grundmuster, Kellerfalte, 8 M Grundmuster, Kellerfalte, 13 (14/15) M Grundmuster arbeiten. Kellerfalte beenden. In 44 cm Gesamthöhe die 1. Kellerfaltenreihe wiederholen. Bei einer Gesamthöhe von 59 cm den vorderen Halsausschnitt arbeiten. Hierfür die mittleren 6 M abketten. Die Teile werden getrennt gearbeitet. Für die weitere Halsausschnittrundung in jeder 2. R noch 1 x 3, 1 x 2, 1 x 1 M abketten. In 65 cm Gesamthöhe die restlichen Schultermaschen abketten.
Die zweite Halsausschnittrundung gegengleich arbeiten.

Ärmel
18 M in Meliert anschlagen und 8 cm im Bündchenmuster strikken. In der folgenden R gleichmäßig verteilt 14 M auffassen = 32 M. Im Grundmuster weiterarbeiten, dabei beidseitig in jeder 6. R 6 x 1 M zunehmen. In 13 cm Gesamthöhe in die Ärmelmitte eine Kellerfalte arbeiten. In 28 cm Gesamthöhe in einer Rückr. 8 M im Grundmuster, 1 Kellerfalte, 8 M im Grundmuster, 1 Kellerfalte, 8 M im Grundmuster arbeiten. Kellerfalten beenden. Alle M in 44 cm Gesamthöhe abketten.
Den zweiten Ärmel ebenso arbeiten.

Fertigstellung
Teile nach Schnitt spannen und mit feuchten Tüchern bedeckt trocknen lassen.
Nähte schließen, die Kellerfalten an der unteren Kante unsichtbar gegennähen. Den Halsausschnitt in Meliert mit 1 R im Krebsstich umhäkeln.

Mohairpulli

Größen 38 und 42.
Bei unterschiedlichen Angaben: Größe 42 in Klammern.

Material
Schewe Wolle, Qualität Mohair Rustic Nr. 112. 300 (350) g in Schwarz Nr. 8809, 250 (300) g in Blau-Grau Nr. 8819. Je 1 Paar Stricknadeln Nr. 5, 6 oder 7 und 2 Knöpfe.

Grundmuster I
Mit Nadeln Nr. 6 oder 7: Glatt links = Hinr. links, Rückr. rechts.

Grundmuster II
Mit Nadeln Nr. 6 oder 7: Glatt rechts = Hinr. rechts, Rückr. links.

Krausmuster
Mit Nadeln Nr. 6 oder 7: Hinr. und Rückr. rechts.

Bündchenmuster
Mit Nadeln Nr. 5 oder 6: Abwechselnd 1 M rechts, 1 M links.

Maschenprobe
Mit Nadeln Nr. 6 oder 7 glatt links: 12 M und 17 R = 10 x 10 cm.

Arbeitsanleitung

Rücken
65 (71) M mit Nadeln Nr. 5 oder 6 anschlagen, davon 42 (45) M in Schwarz = 1. Farbe, 23 (26) M in Blau-Grau = 2. Farbe. In dieser Farbaufteilung den ganzen Rükken stricken.
5 cm im Bündchenmuster arbeiten und anschließend weiter im Grundmuster I und II stricken (siehe Schnittzeichnung).
Das Grundmuster I wird immer in der 1. Farbe (Schwarz) und das Grundmuster II in der 2. Farbe (Blau-Grau) gearbeitet.
In 55 (57) cm Gesamthöhe die mittleren 27 M wie folgt stricken:

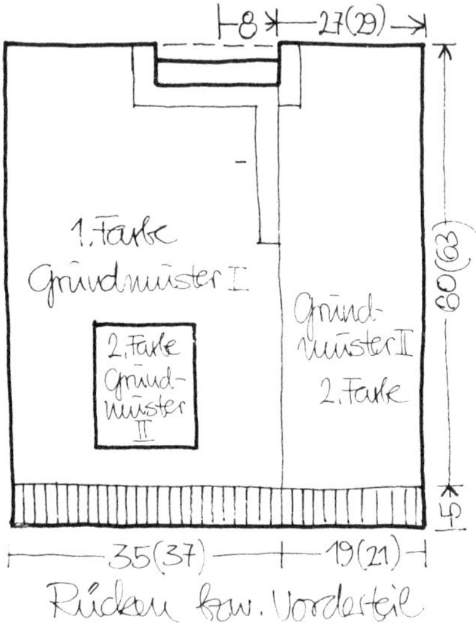

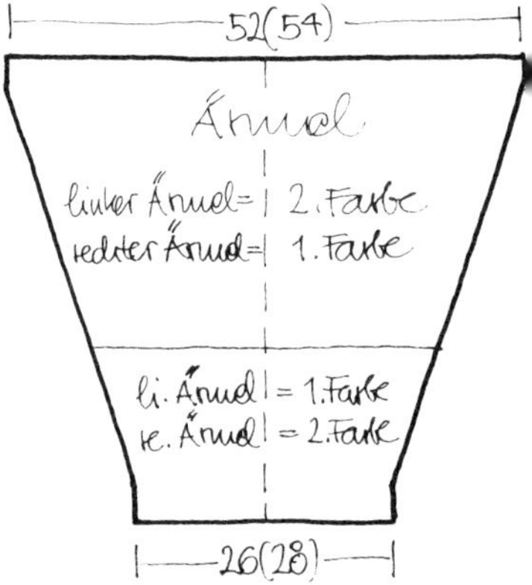

4 M im Krausmuster, 19 M im Bündchenmuster, 4 M im Krausmuster. Beidseitig davon in den jeweiligen Grundmustern (siehe Schnittzeichnung) weiterarbeiten.
In 58 (60) cm Gesamthöhe die mittleren 19 M abketten und jede Seite getrennt beenden. In 60 (63) cm Gesamthöhe die restlichen 23 (26) M für die jeweilige Schulter gerade abketten.

Vorderteil
Bis auf die Knopflochleiste und den Halsausschnitt wie das Rükkenteil arbeiten, jedoch die Farben gegengleich verwenden. Knopflochleiste: In 35 cm Gesamthöhe die Arbeit wie folgt teilen: 23 (26) M in der 2. Farbe stilllegen und über die 42 (45) M der 1. Farbe weiterarbeiten, dabei die 4 M an der Teilungskante im Krausmuster stricken. In 45 (47) cm und 52 (54) cm Gesamthöhe jeweils ein Knopfloch wie folgt einarbeiten: 4 M Krausmuster, 2 M abketten. Diese M in der folgenden Rückr. wieder aufnehmen. In 52,5 (54,5) cm Gesamthöhe, nach den 4 M im Krausmuster, die folgenden 15 M im Bündchenmuster stricken. In 55 (57) cm Gesamthöhe für den Halsausschnitt 19 M abketten. In 60 (63) cm Gesamthöhe die restlichen 23 (26) M für die Schulter abketten. Mit den stillgelegten M der 2. Farbe weiterarbeiten. Zu den 23 (26) M noch 5 M für den Untertritt aufnehmen und diese M im Krausmuster stricken. In 55 (57) cm Gesamthöhe die 5 M im Krausmuster für den Übertritt abketten. In 60 (63) cm Gesamthöhe die 23 (26) M für die Schulter gerade abketten.

Ärmel
31 (35) M für den rechten Ärmel in der 2. Farbe in Blau-Grau anschlagen und 3 cm im Bündchenmuster stricken.
Weiter im Grundmuster II bis zu einer Gesamthöhe von 17 cm stricken und anschließend im Grundmuster I weiterarbeiten, dabei ab Bündchenende in jeder 4. R 15 x 1 M zunehmen = 61 (65) M. In 45 (47) cm Gesamthöhe alle M abketten.
Den linken Ärmel ebenso arbeiten, jedoch in einer anderen Farbaufteilung. Bis zu 17 cm Gesamthöhe in der 1. Farbe = in Schwarz arbeiten. Dann den linken Ärmel in der 2. Farbe beenden.

Tasche
17 M in Blau-Grau anschlagen und 15 cm im Bündchenmuster stricken, dann alle M abketten.

Fertigstellung
Teile nach Schnitt spannen, mit einem feuchten Tuch bedeckt trocknen lassen. Alle Nähte schließen und diese vorsichtig ausdämpfen. Die Tasche aufnähen und die Knöpfe annähen.

Wabenpulli

Mehrgrößenpulli

Material
Welcomme Wolle, Qualität L'Intermezzo: 1200 g in Bleu Nr. 03; Qualität Le Shetland et Alpaga Nr. 4: 250 g in Nickel Nr. 419, je 50 g in Cobalt Nr. 421, Menthe Nr. 439 und Quartz Nr. 413. Je 1 Paar Stricknadeln Nr. 4½, 5 und 7.

Grundmuster
Mit Nadeln Nr. 7 im Wabenmuster arbeiten.
1. R und alle weiteren geraden R: rechte M.
3. R: *1 M rechts in die Vormasche = unter die normal abzustrickende M der Vorr. einstechen und abstricken. 1 M rechts*. Von * bis * fortlaufend wiederholen.
5. R: *1 M rechts, 1 M rechts in die Vormasche* stricken, von * bis * fortlaufend wiederholen.
7. R: Muster in der 3. R wieder aufnehmen.

Bündchenmuster
Mit Nadeln Nr. 4½ und 5: Abwechselnd 1 M rechts, 1 M links.

Maschenprobe
Mit Nadeln Nr. 5 in L'Intermezzo: 15 M und 18 R = 10 x 10 cm.
Mit Nadeln Nr. 4½ in Le Shetland et Alpaga, mit dreifachem Faden arbeiten: 20 M und 22 R = 10 x 10 cm.
Mit Nadeln Nr. 7 in L'Intermezzo im Grundmuster: 9 M und 22 R = 10 x 10 cm.

Arbeitsanleitung

Rücken
Mit Nadeln Nr. 5 in L'Intermezzo 72 M anschlagen und 8 cm im Bündchenmuster stricken. Weiter im Grundmuster arbeiten, dabei in der 1. R verteilt 22 M abnehmen. Nach 68 cm Gesamthöhe alle M abketten.

Vorderteil
Wie Rückenteil anfertigen. Jedoch für den Halsausschnitt nach 56 cm Gesamthöhe die mittleren 6 M abketten und jede Seite getrennt fertigstellen. An der rechten Halsausschnittkante jede 2. R 1 x 2 M, 2 x 1 M und jede 4. R 2 x 1 M und nach 68 cm Gesamthöhe alle M abketten. Die linke Seite gegengleich arbeiten.

Ärmel
Mit Nadeln Nr. 5 in L'Intermezzo 30 M anschlagen und 7 cm im Bündchenmuster arbeiten. Weiter im Grundmuster stricken,

dabei beidseitig jede 11. R 7 x 1 M zunehmen. Man erhält 44 M. Nach 43 cm Gesamthöhe alle M auf einmal abketten.

Kragen
Mit Nadeln Nr. 4½ in Le Shetland et Alpaga mit dreifachem Faden in Nickel 91 M anschlagen und 20 cm im Bündchenmuster stricken. Anschließend alle M stilllegen.

Noppen
Mit Nadeln Nr. 5 in Le Shetland et Alpaga mit doppeltem Faden 9 M anschlagen und glatt rechts = Hinr. rechts, Rückr. links 9 R stricken. Einen Faden durch die M holen und zusammenziehen. In jeder Farbe 5 Noppen arbeiten.

Fertigstellung
Schulternähte schließen. Die Ärmel einsetzen. Ärmel- und Seitennähte schließen. Die offenen M des Kragens im Maschenstich an die Ausschnittkanten nähen. Die Noppen in ungleichmäßigen Abständen auf das Vorderteil und auf den oberen Teil der Ärmel nähen.

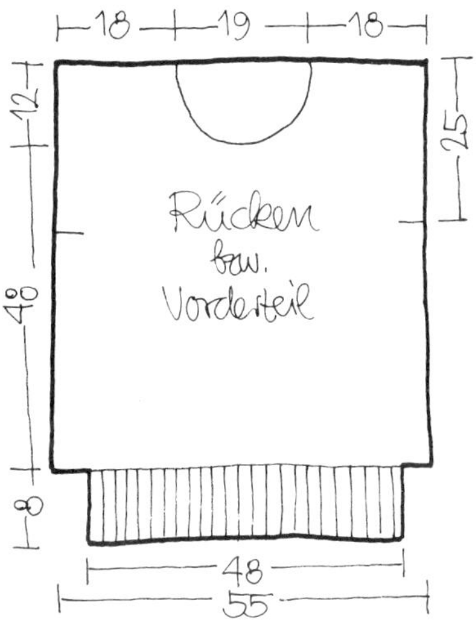

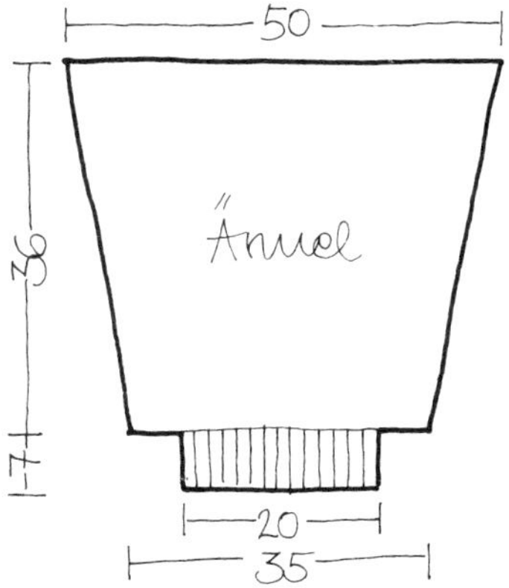

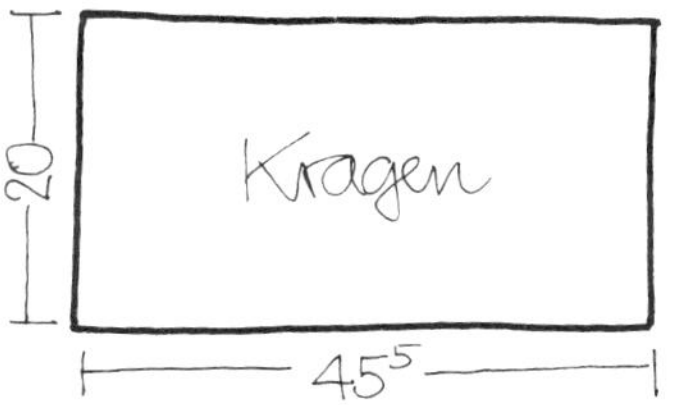

Pulli mit Zopfmuster

Größen 38/40 und 42/44.
Bei unterschiedlichen Angaben: Größe 42/44 in Klammern.

Material
Woll-Service-Wolle, Qualität Filpucci „Batuffolo-Multicolor“: 500 (550) g in Braun Nr. 326; Qualität Mohair: 250 g in Pink Nr. 883. Je 1 Paar Stricknadeln Nr. 4½ und 6, je 1 Rundstricknadel Nr. 5 und 6, 1 Hilfsnadel.

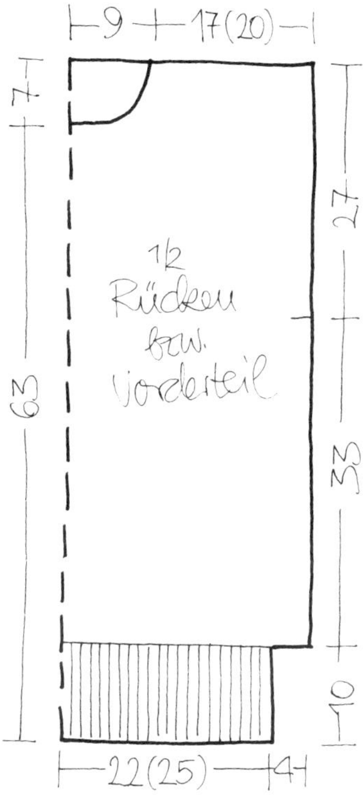

Grundmuster
Mit Nadeln Nr. 6: Abwechselnd 6 M rechts, 6 M links.

Zopfmuster
Der Zopf ist jeweils 6 M breit. Mit Nadeln Nr. 6 wie folgt arbeiten:
1.–6. R: glatt rechts = Hinr. rechts, Rückr. links.
7. R: 3 M auf eine Hilfsnadel hinter die Arbeit legen, 3 M rechts stricken, dann die M der Hilfsnadel rechts stricken.
8.–18. R: glatt rechts.
Die 7.–18. R stets wiederholen.

Bündchenmuster
Mit Nadeln Nr. 4½: Abwechselnd 2 M rechts, 2 M links.

Maschenprobe
Mit Nadeln Nr. 6 im Grundmuster: 15 M und 20 R = 10 x 10 cm.

Arbeitsanleitung

Rücken
74 (80) M in Pink anschlagen und 10 cm im Bündchenmuster stricken, dabei in der letzten

Rückr. gleichmäßig verteilt 6 M zunehmen. Mit Nadeln Nr. 6 in Braun weiterarbeiten wie folgt: Randm., 6 M rechts, *6 M links, 6 M rechts, ab * noch 5x wiederholen. Randm. (Randm., 3 M links, 6 M rechts, *6 M links, 6 M rechts, ab * noch 5x wiederholen. Die R endet mit 3 M links, Randm.).

1.–6. R: Die M stricken, wie sie erscheinen.

7. R: Jede 2. rechte M Rippe zopfen (siehe Zopfmuster).

8.–12. R: Die M stricken, wie sie erscheinen.

13. R: Die restlichen rechten M Rippen zopfen.

14.–18. R: Die M stricken, wie sie erscheinen.

19. R: wie 7. R.

7.–18. R: stets wiederholen.

Bis 70 cm gerade hochstricken und alle M abketten.

Vorderteil

Bis 63 cm Höhe wie das Rückenteil arbeiten. Dann für den Halsausschnitt die mittleren 14 M und beidseitig noch in jeder 2. R jeweils 2x2, 3x1 M abketten. In Rückenteilhöhe die restlichen M abketten.

Ärmel

36 M in Braun anschlagen und 10 cm im Bündchenmuster stricken, dabei in der letzten Rückr. verteilt 18 M zunehmen. Im Grundmuster mit Zöpfen wie beim Rückenteil beschrieben weiterarbeiten. Bis zu einer Gesamthöhe von 48 cm beidseitig gleichmäßig verteilt 14x 1 M zunehmen.

Fertigstellung

Teile nach Schnitt spannen und mit feuchten Tüchern bedeckt trocknen lassen. Die Schulternähte schließen. Aus den Ärmelausschnittkanten in Pink ca. 92 M auffassen und 8 cm im Bündchenmuster anstricken. M lose abketten. Die Blende zur Hälfte umsäumen. Die Ärmel annähen, Ärmel- und Seitennähte schließen. Aus der Halskante mit der Rundstricknadel Nr. 5 in Braun die M auffassen, 3 cm im Bündchenmuster anstricken und die M gleichmäßig abketten. Für den Rollkragen mit der Rundstricknadel Nr. 6 in Pink 100 M anschlagen und 28 cm im Bündchenmuster stricken. M lose abketten.

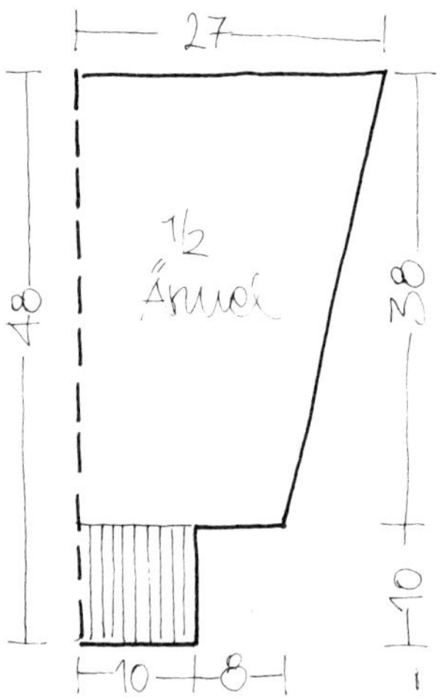

Herrenpulli in Oliv und Blau

Größen 48/50 und 52.
Bei unterschiedlichen Angaben: Größe 52 in Klammern.

Material
Esslinger Wolle, Qualität crocus. 350 (400) g in Oliv Nr. 77 und 100 g in Blau Nr. 11. Je 1 Paar Stricknadeln Nr. 3 und 3½.

Grundmuster
Mit Nadeln Nr. 3½: Glatt rechts = Hinr. rechts, Rückr. links.

Streifenfolge
26 R oliv, 2 R blau, 2 R oliv, 2 R blau, 2 R oliv, 2 R blau, 2 R oliv, 2 R blau, 2 R oliv, 2 R blau. Von * bis * wiederholen.

Bündchenmuster
Mit Nadeln Nr. 3: Abwechselnd 1 M rechts, 1 M links.

Maschenprobe
Mit Nadeln Nr. 3½ im Grundmuster: 26 M und 34 R = 10 x 10 cm.

Arbeitsanleitung

Rücken
In Oliv 136 (146) M anschlagen und 6 cm im Bündchenmuster stricken. Dann in Grundmuster und Streifenfolge weiterarbeiten. Nach 43 cm ab Anschlag beidseitig für den Armausschnitt 2 x 3, 2 (3) x 2 und 3 x 1 M abketten. Gerade weiterarbeiten. Nach 22 cm ab Armausschnittbeginn die mittleren 40 M und beidseitig davon 1 x 3 und 1 x 2 M für den Halsausschnitt abketten. Gleichzeitig für die Schultern beidseitig 3 x 10 (11) M abketten.

Vorderteil
Wie Rücken anfertigen. Jedoch bei einer Gesamthöhe von 61,5 cm für den Halsausschnitt die mittleren 30 M und beidseitig davon 2 x 3, 1 x 2 und 2 x 1 M abketten. Wegen der Verschlußblende schon nach 2,5 cm ab Ausschnittbeginn mit der linken Schulterabnahme beginnen und nach 4 R die erste Abnahme der rechten Schulter ausführen.

Ärmel
60 M in Oliv anschlagen und 7 cm im Bündchenmuster stricken. Weiter in Grundmuster und Streifenfolge arbeiten. Jedoch die Streifenfolge mit 34 R in Oliv beginnen. In der 1. Grundmuster-R verteilt 12 M und in jeder 6. R beidseitig 16 (18) x 1 M zunehmen. Bei einer Gesamthöhe von

46 cm für die Ärmelschräge beidseitig 2x3, 2x2, 21x1, 3x2 und 2x3 M und die restlichen 20 (24) M abketten.

Fertigstellung

Rechte Schulternaht schließen. Für die Halsblende in Oliv 117 M anschlagen und im Bündchenmuster stricken. Nach 12 R alle M auf einen Hilfsfaden legen und die offenen M im Steppstich auf die Halsausschnittkante nähen. Für die Schulterblende 66 M anschlagen und 12 R im Bündchenmuster stricken, dabei in der 5. R vier Knopflöcher im Abstand von 14 M über jeweils 3 M einstricken. 1. Knopfloch nach 6 M ab Seitenkante arbeiten (= 3 M abketten und diese in der folgenden R wieder neu anschlagen). M auf einen Hilfsfaden legen, dann die offenen M im Steppstich auf die vordere Kante der linken Schulter einschließlich der Halsblende nähen. Blende über die rückwärtige Schulterkante legen und an der Armausschnittkante festheften. Nähte schließen, Ärmel einsetzen und die Knöpfe annähen.

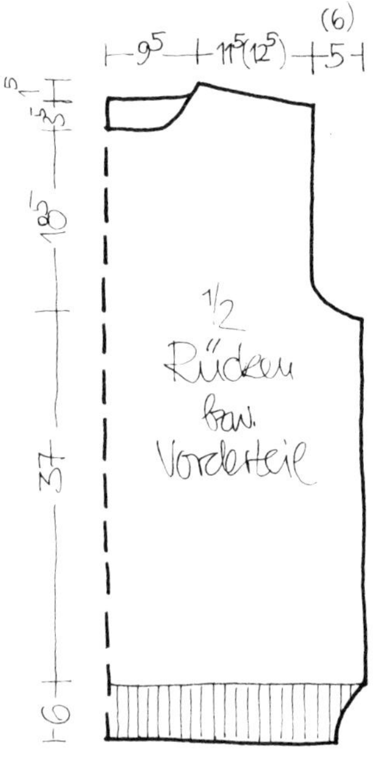

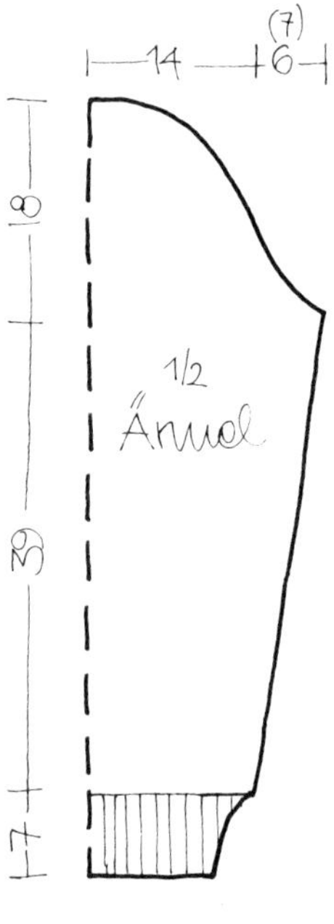

Fransenweste

Größen 38, 40 und 42.
Bei unterschiedlichen Angaben: Größen 40 und 42 in Klammern.

Material
Lana Grossa Wolle, Qualität Silky: 400 g in Natur Nr. 100, 100 g in Braun Nr. 114; Qualität Valentino Tipo 131: 100 g in Braun Nr. 704. 1 Paar Stricknadeln Nr. 5.

Grundmuster
Mit Nadeln Nr. 5: Glatt rechts = Hinr. rechts, Rückr. links.

Bündchenmuster
Mit Nadeln Nr. 5: Kraus rechts = Hinr. rechts, Rückr. rechts.

Maschenprobe
15 M und 23 R im Grundmuster = 10 x 10 cm.

Arbeitsanleitung

Rücken
78 (80/84) M in Silky Natur anschlagen und 4 cm im Bündchenmuster stricken, danach im Grundmuster weiterarbeiten. In 25 cm Gesamthöhe für die Armausschnitte beidseitig 1 x 4, dann in jeder 2. R 2 x 2 M abket-

ten. In 50 cm Gesamthöhe alle M abketten.

Vorderteil

Mit dem rechten Vorderteil beginnen. 39 (40/42) M in Silky Natur anschlagen und 4 cm im Bündchenmuster stricken. Danach die ersten 6 M immer im Bündchenmuster und die restlichen M immer im Grundmuster stricken. In 23 cm Gesamthöhe für die V-Ausschnittschräge 1x1 M, anschließend in jeder 4. R noch 13x1 M zusammenstricken. Gleichzeitig in 25 cm Gesamthöhe an der rechten Seite den Armausschnitt wie beim Rückenteil stricken. In 50 cm Gesamthöhe die restlichen Schultermaschen abketten.
Das linke Vorderteil gegengleich arbeiten.

Fertigstellung

Nähte schließen. Für die Fransenbüschel je einen ca. 46 cm langen Faden in Silky Natur, Braun und Valentino 131 Braun nehmen und anschließend in das eingezeichnete Dreieck (siehe Schnitt) die Fransenbüschel (fertige Länge 23 cm) im Versatz einarbeiten.

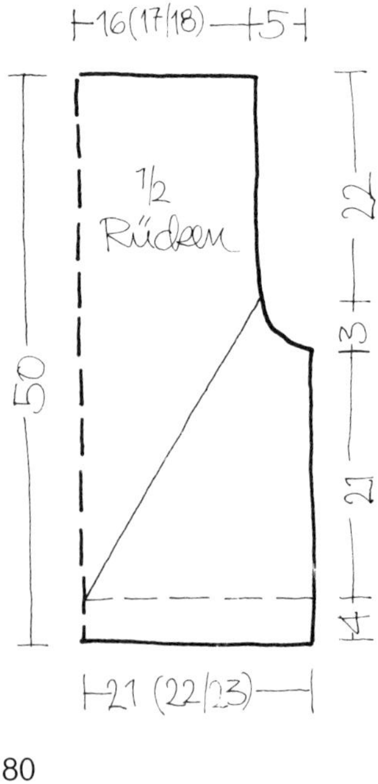

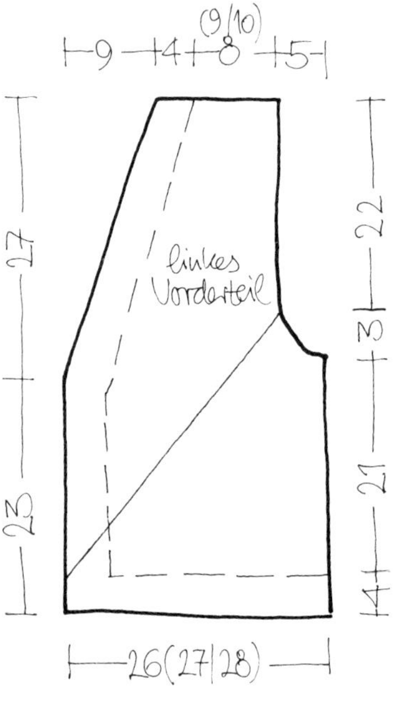

Pulli, Jacke, Mützen

Pulli

Größen 2, 4 und 6 Jahre.
Bei unterschiedlichen Angaben: Die Größen für 4 und 6 Jahre in Klammern.

Material
Pingouin Wolle, Qualität Corrida Nr. 4.
200 (250/300) g in Blanc Nr. 501, 50 g in Feu Nr. 514.
Je 1 Paar Stricknadeln Nr. 3 und 4 und eine Rundstricknadel Nr. 3, 3 Knöpfe.

Grundmuster I
Mit Nadeln Nr. 4 im Perlmuster arbeiten.
1. R: Abwechselnd 1 M rechts, 1 M links.
2. R und alle weiteren R: M versetzt stricken = die linken M der Vorr. rechts, die rechten M der Vorr. links stricken.

Grundmuster II
Mit Nadeln Nr. 4: Glatt rechts = Hinr. rechts, Rückr. links.

Bündchenmuster
Mit Nadeln Nr. 3: Abwechselnd 1 M rechts, 1 M links.

Maschenprobe
Mit Nadeln Nr. 4 im Grundmuster I: 20 M und 34 R = 10 x 10 cm.
Mit Nadeln Nr. 4 im Grundmuster II: 20 M und 29 R = 10 x 10 cm.

Arbeitsanleitung Pulli

Rücken
60 (66/72) M in Blanc anschlagen und 4 (4/5) cm im Bündchenmuster stricken. Weiter im Grundmuster II 6 (8/8) R in Feu, 6 R in Blanc und 6 (8/8) R in Feu arbeiten. Anschließend 1 R in Blanc stricken und im Grundmuster I das Perlmuster arbeiten. Nach 18 (20/22) cm Gesamthöhe für die Raglanschrägung beidseitig in jeder 2. R 1 x 2 M, 16 (18/20) x 1 M und in jeder 4. R 3 x 1 M abketten. Gleichzeitig nach 21,5 (24/27) cm Gesamthöhe in Feu 1 R rechts über die Vorderseite und 1 R rechts über die Rückseite der Arbeit stricken. Anschließend im Grundmuster II 6 R in Blanc und 6 (8/8) R in Feu arbeiten und in Blanc die Arbeit beenden. Dabei für den Halsausschnitt die restlichen 18 (20/22) M auf einmal abketten.

Vorderteil
Muster- und Farbaufteilung wie am Rückenteil vornehmen. Nach 18 (20/22) cm Gesamthöhe für die Raglanschrägung beidseitig in jeder 2. R 1 x 2 M, 16

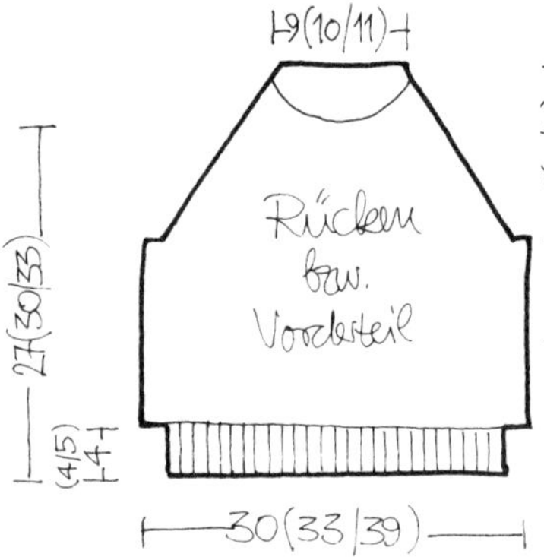

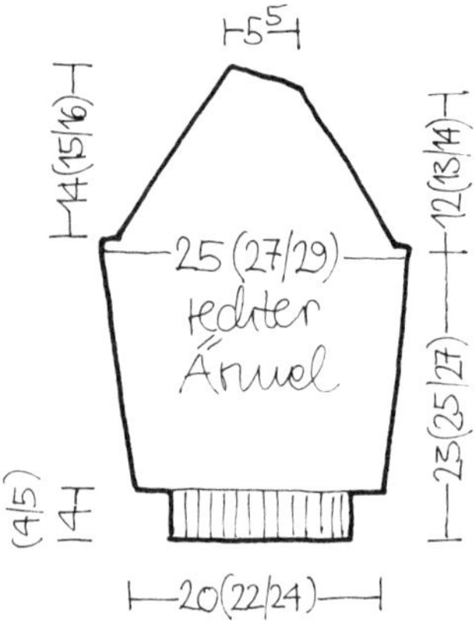

(18/20) x 1 M abketten. Nach 27 (30/33) cm Gesamthöhe für den Halsausschnitt die mittleren 6 (6/8) M abketten und jede Seite getrennt beenden. Dabei an der Halsausschnittkante jede 2. R 1x3 M, 2x2 M, 2 (3/3) x 1 M abketten.

Ärmel
Mit dem rechten Ärmel beginnen. 30 (32/34) M in Blanc anschlagen und 4 (4/5) cm im Bündchenmuster arbeiten. Dabei in der letzten R 10 (12/14) M verteilt zunehmen = 40 (44/48) M. Anschließend im Grundmuster I arbeiten. Alle 12 (12/14) R beidseitig 5 x 1 M zunehmen = 50 (54/58) M. Nach 23 (25/27) cm Gesamthöhe für die Raglanschrägung an der rechten vorderen Kante die gleichen Abnahmen wie am Vorderteil ausführen. Dann jede 2. R 1x3 M und 2x4 M abketten und gleichzeitig an der linken rückwärtigen Kante die gleichen Abnahmen wie am Rückenteil ausführen. Dabei nach 26,5 (29/32) cm Gesamthöhe 1 R rechts in Feu über die Vorderseite der Arbeit stricken und 1 R rechts über die Rückseite. Den Ärmel im Grundmuster II in Blanc beenden. Den linken Ärmel gegengleich arbeiten.

Fertigstellung
Raglannähte bis auf die vordere linke Naht schließen. Für die Halsausschnittblende mit der Rundstricknadel in Blanc 65 (69/73) M auffassen und 3 R im Bündchenmuster arbeiten, lokker abketten. Für die Halsausschnittblende über der vorderen Kante des linken Ärmels 25 (27/27) M mit Nadeln Nr. 3 in Blanc auffassen, dabei darauf achten, daß die Blende vor dem Muster-

82

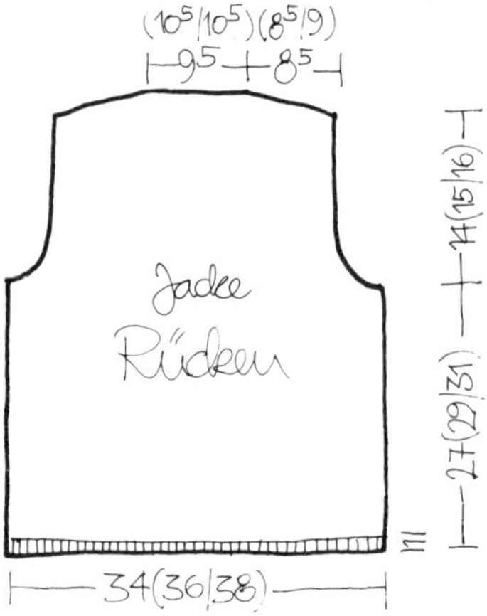

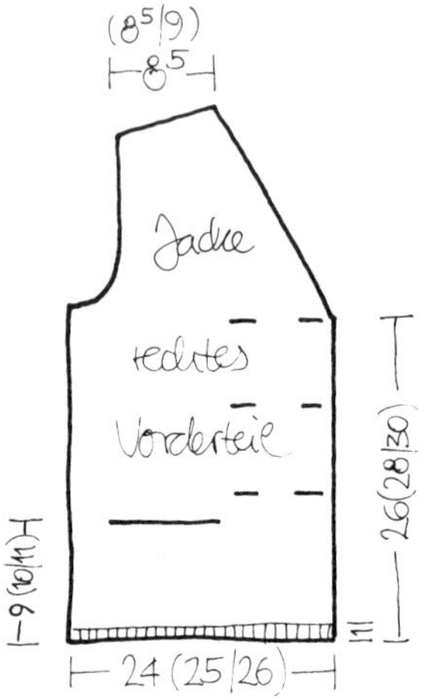

streifen in Feu endet. 3 R im Bündchenmuster arbeiten und alle M locker abketten. Die gleiche Blende über der Raglanschrägung des Vorderteils anstricken, jedoch in der 1. R 3 Knopflöcher einarbeiten. Das 1. Knopfloch 2 M vom Halsausschnitt entfernt beginnen. Die beiden weiteren jeweils im Abstand von 9 (10/10) M ausführen. Für jedes Knopfloch 2 M abketten und in der folgenden R über den abgeketteten 2 M wieder 2 M neu anschlagen. Die noch offene Raglannaht bis zum Streifen in Feu über dem Perlmuster schließen. Die beiden Endkanten der Blenden übereinanderlegen. Nähte schließen und die Knöpfe annähen.

Mützen

Material
Pingouin Wolle, Qualität Corrida Nr. 4. 100 g in Persan Nr. 516 A oder in Lagon Nr. 517 B, Feu Nr. 514 C bzw. Blanc Nr. 501 D. 1 Paar Stricknadeln Nr. 3½.

Grundmuster
Im Bündchenmuster 1 M rechts, 1 M links stricken.

Arbeitsanleitung Mützen

100 M anschlagen und bis zu einer Gesamthöhe von 21 cm

gerade hochstricken. Dann wie folgt weiterarbeiten: *1 M abstrikken und die folgenden 3 M zusammenstricken*. Von * bis * innerhalb der ganzen R wiederholen. Anschließend 6 R ohne Abnahmen arbeiten. Die 2. Abnahme-R wie die 1. (s. oben) in der 7. R ausführen. Die weiteren 4 R gerade hochstricken, dann einen Faden durch die restlichen M holen, fest zusammenziehen und gut vernähen. Naht schließen, dabei die Naht für den Umschlag auf der rechten Seite der Arbeit ausführen.

Jacke
Größen 2, 4 und 6 Jahre.
Bei unterschiedlichen Angaben: Größen 4 und 6 Jahre in Klammern.

Material
Pingouin Wolle, Qualität 4 Pingouins. 400 (450/500) g in Corrida Nr. 35. Je 1 Paar Stricknadeln Nr. 3½ und 4, 6 Knöpfe.

Grundmuster
Mit Nadeln Nr. 4 im Phantasiemuster = abwechselnd 2 M glatt links (Hinr. links, Rückr. rechts) und 5 M großes Perlmuster =
1. R: Abwechselnd 1 M rechts, 1 M links.
2. R und alle weiteren geraden R: Die M stricken, wie sie erscheinen.
3. R: Abwechselnd 1 M links, 1 M rechts.
5. R: Muster in der 1. R wieder aufnehmen.

Bündchenmuster
Mit Nadeln Nr. 3½: Abwechselnd 1 M rechts, 1 M links.

Maschenprobe
Mit Nadeln Nr. 4 im Phantasiemuster: 19 M und 26 R = 10 x 10 cm.

Arbeitsanleitung Jacke

Rücken
64 (68/72) M anschlagen und 1 cm im Bündchenmuster arbeiten. Dann im Phantasiemuster stricken, dabei beginnen mit der letzten M des Phantasiemusters (mit den letzten 3 M des Phantasiemusters beginnen / mit der 1. M des Phantasiemusters beginnen). Nach 27 (29/31) cm Gesamthöhe für die Armausschnitte beidseitig in jeder 2. R 2 (3/3) x 2 M und 3 (2/3) x 1 M abketten = 50 (52/54) M. Nach 41 (44/47) cm Gesamthöhe für die Schulterschrägung beidseitig in jeder 2. R 1 x 6 und 2 x 5 (1 x 6, 2 x 5 / 1 x 5, 2 x 6) M abketten. Die restlichen 18 (20/20) M auf einmal abketten.

Vorderteil
Mit der rechten Vorderteilseite beginnen, 45 (47/49) M anschlagen und 1 cm im Bündchenmu-

ster stricken. Dann im Phantasiemuster weiterarbeiten, dabei mit 5 M im großen Perlmuster beginnen. Nach 9 (10/11) cm Gesamthöhe 7 M von der linken Kante entfernt 23 M stillegen.
Mit Nadeln Nr. 4 für den Taschenboden getrennt 23 M anschlagen und im Phantasiemuster stricken. Nach 8 (8/9) cm Gesamthöhe diese M hinter das Vorderteil anstelle der stillgelegten M legen und die Arbeit wieder über die gesamte Breite aufnehmen.
Nach 11 (12/13) cm Gesamthöhe 2 Knopflöcher einarbeiten, das 1. eine M von der rechten Kante entfernt, das 2. im Abstand von 9 M. Zwei weitere Knopflochreihen jeweils im Abstand von 7,5 (8/8,5) cm einarbeiten. Für jedes Knopfloch 3 M abketten und in der folgenden R wieder neu anschlagen.
Nach 26 (28/30) cm Gesamthöhe an der rechten Kante für den Halsausschnitt jede 2. R 22 (23/23) x 1 M abketten. Gleichzeitig nach 27 (29/31) cm Gesamthöhe an der linken Kante für den Armausschnitt die gleichen Abnahmen wie am Rükkenteil ausführen. Nach 41 (44/47) cm Gesamthöhe die Schulterschrägung wie am Rückenteil ausführen. Das linke Vorderteil gegengleich arbeiten.

Ärmel

38 (40/42) M anschlagen und 1 cm im Bündchenmuster strikken. Dann im Phantasiemuster weiterarbeiten, dabei mit den 4 letzten M im großen Perlmuster (5 M großes Perlmuster / 1 M links, 5 M großes Perlmuster) beginnen.
Beidseitig in jeder 6. (8./8.) R 9 x 1 M zunehmen. Man erhält 56 (58/60) M.
Nach 27 (29/31) cm Gesamthöhe für die Armkugel beidseitig alle 2 R 3 x 2 M, 3 (4/5) x 1 M, 4 x 2 M, 2 x 3 M abketten. Die restlichen 10 M auf einmal abketten.

Fertigstellung

Schulternähte schließen. Für die Taschenblenden die 23 stillgelegten M der Taschenschlitzkante wieder aufnehmen, 1,5 cm im Bündchenmuster stricken und abketten. Taschenblenden und -böden festnähen.
Über der geraden Partie der rechten Vorderteilkante ca. 60 (64/68) M auffassen und im Anschluß daran 40 (44/48) M über der Halsausschnittschrägung, 22 (24/24) M über der rückwärtigen Halsausschnittkante, 40 (44/48) M über der Halsausschnittschrägung des linken Vorderteils und 60 (64/68) M entlang der geraden Partie des linken Vorderteils. 1 cm im Bündchenmuster stricken und abketten. Anschließend die Seiten- und Ärmelnähte schließen, Ärmel einsetzen und Knöpfe annähen.

Herrenblouson

Größen 46 und 48/50.
Bei unterschiedlichen Angaben: Größe 48/50 in Klammern. Länge 70 cm, Weite über dem unteren Bündchen 116 (126) cm, ganze obere Breite ohne Manschetten 133 (134) cm.

Material
H. E. C. Wolle, Qualität aarlan safari color. 850 (900) g in Blaumeliert Nr. 541. Je 1 Paar Stricknadeln Nr. 3–3½ und 4½ und 1 teilbarer Reißverschluß, Länge 65 cm. 1 Häkelnadel.

Grundmuster
Mit Nadeln Nr. 4½ im Halbpatent arbeiten.
1. R (Rückr.): Randm., *1 M links abheben, dabei den Faden über der Nadel liegenlassen, 1 M rechts, ab * wiederholen. Mit 1 M links abheben, Randm. enden.
2. R (Hinr.): Randm., *die M mit dem darüberliegenden Faden rechts zusammenstricken, 1 M links, ab * wiederholen.
Diese 2 R stets wiederholen.

Bündchenmuster
Mit Nadeln Nr. 3–3½: Abwechselnd 1 M rechts, 1 M links.

Maschenprobe
10 M und 17 R im Grundmuster = 5 x 5 cm.

Arbeitsanleitung

Rücken
99 (105) M anschlagen und 8 cm im Bündchenmuster arbeiten, auf der Rückseite der Arbeit mit Randm., 1 M rechts beginnen. Dann an beiden Kanten 13 M auf einen Hilfsfaden legen. Die übrigen 73 (79) M im Grundmuster stricken, dabei verteilt in der 1. R 16 (20) M aufnehmen = 89 (99) M. Die Kanten bleiben gerade. Nach 60 cm im Grundmuster für die Schulterschrägung beidseitig 2 x 8 und 1 x 9 (1 x 9 und 2 x 10) M abketten und anschließend die restlichen 39 (41) M ebenfalls abketten.

Vorderteil
Zwei gegengleiche Teile anfertigen. Für ein Teil 49 (53) M anschlagen und im Bündchenmuster stricken, auf der Rückseite der Arbeit mit Randm., 1 M links beginnen. Nach 8 cm nur an der seitlichen Kante 13 M auf einen Hilfsfaden legen. Die übrigen 36 (40) M im Grundmuster arbeiten, dabei verteilt in der 1. R 9 M aufnehmen = 45 (49) M. Nach 53 cm im Grundmuster für den Halsausschnitt 1 x 4, 1 x 3, 2 x 2, 7 x 1 M abketten, dann noch 2 x jede 4. R 1 M abnehmen. Die Abnahmen für die Schulter-

schrägung wie beim Rückenteil vornehmen.

Ärmel mit angestricktem Seitenteil

Die Ärmel werden in zwei Teilen gearbeitet.

Für die hintere Hälfte des rechten Ärmels 25 (27) M anschlagen und im Bündchenmuster arbeiten, auf der Rückseite der Arbeit mit Randm., 1 M rechts beginnen. Nach 7 cm im Grundmuster weiterstricken, dabei verteilt in der 1. R 9 M aufnehmen = 34 (36) M. Die 1. R endet mit 1 M rechts, Randm. Die 2. R beginnt mit Randm., 1 M links. Wenn 9 R im Grundmuster gestrickt sind, am Ende der folgenden R in der Hinr. 1 M aufnehmen. Dies 1x in der 8. R, 2x jede 6. R, 13 (12) x jede 4. R, 16 (15) x jede 2. R wiederholen und weiter jede 2. R noch 3x2, 2x3, 1x7 und 1x34 M dazu anschlagen = 120 M. Noch 7 cm gerade weiterarbeiten und dann alle M locker abketten.

Für die vordere Hälfte des rechten Ärmels 25 (27) M anschlagen und im Bündchenmuster arbeiten, auf der Rückseite der Arbeit mit Randm., 1 M links beginnen. Nach 7 cm im Grundmuster weiterstricken, dabei verteilt 9 M aufnehmen und die 1. R wie bei der hinteren Ärmelhälfte beginnen und enden. Die Aufnahmen stets am Ende der R auf der Rückseite der Arbeit ausführen. Wenn die 120 M 7 cm gerade gestrickt sind, auf der Rückseite der Arbeit 81 M locker abketten und die restlichen 39 M für den Taschenuntertritt noch 13 cm arbeiten und dann abketten.

Für den linken Ärmel zwei gegengleiche Teile anfertigen. Bei der hinteren Hälfte beginnt das Bündchenmuster mit der Randm., 1 M rechts und das Grundmuster mit Randm., 1 M rechts und endet mit 1 M links abheben, Randm. Bei der vorderen Hälfte beginnt das Bündchenmuster mit Randm., 1 M links, und das Grundmuster beginnt und endet wie bei der hinteren Hälfte.

Fertigstellung

Teile nach Schnitt spannen und mit feuchten Tüchern bedeckt trocknen lassen. Zuerst die geraden Kanten der Ärmel zusammennähen und die Schulternähte schließen. Nun den Abkettrand der Ärmel-Seitenteile beim Grundmuster am Rücken- und Vorderteil annähen, dabei für die Taschenöffnung 15 cm weit offenlassen und über dem unteren Bündchen 4 cm hoch das Vorderteil am Seitenteil aufnähen. Den ganzen Taschenuntertritt auf der Innenseite des Vorderteils ansäumen. An der Öffnung 1 R feste M häkeln. Nun jeweils die 13 M des unteren Bündchens mit M-Stich an die 7 gerade gestrickten cm des Seitenteils annähen. Die Seiten-

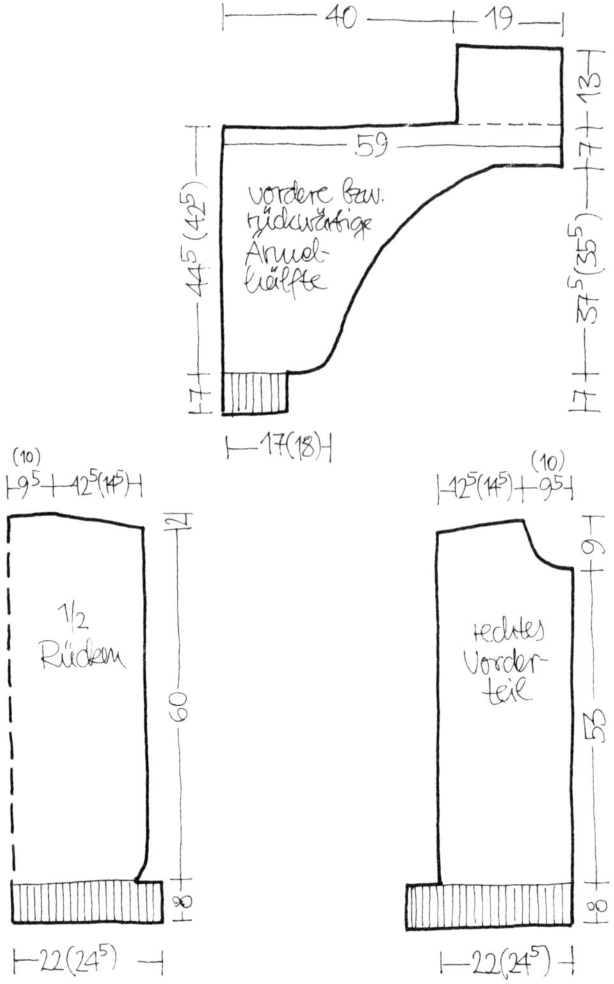

nähte und die Ärmel zusammennähen. Um den Halsausschnitt an den Vorderteilen je 24 M auffassen und am Rückenteil 37 (39) M. Im Bündchenmuster arbeiten, dabei die Rückseite der Arbeit mit Randm., 1 M links beginnen. Die 18. R locker abketten. An den vorderen Kanten 1 R feste M häkeln. Den Reißverschluß bis zur halben Höhe des Halsbündchens einnähen und anschließend die zweite Hälfte nach innen säumen.

Größen 38 und 40/42.
Bei unterschiedlichen Angaben: Größe 40/42 in Klammern. Länge des Pullovers 68 cm, obere Weite 98 (104) cm. Länge der Weste 74 cm, ganze Weite 104 (110) cm.

Material
H. E. C. Wolle, Qualität aarlan titlis. 400 (450) g in Grau Nr. 5503, 480 (530) g in Acqua Nr. 5586, 600 (660) g in Blau Nr. 5583 und 130 (160) g in Bordeaux Nr. 5573. Je 1 Paar Stricknadeln Nr. 4½–5 und 5–5½ und 1 Nadelspiel Nr. 4½–5. 1 Häkelnadel.

Grundmuster I
Mit Nadeln Nr. 5–5½: Glatt rechts = Hinr. rechts, Rückr. links. Streifen am Pullover: Je 9 cm in Acqua, Grau, Blau, Grau, Bordeaux arbeiten und dann in Grau fortfahren. Es werden stets 20 R in einer Farbe gestrickt.
Streifen an der Weste: *8 R in Blau, 2 R in Grau, 8 R in Blau, 2 R in Acqua, 8 R in Blau, 2 R in Bordeaux, ab * wiederholen.

Grundmuster II
Mit Nadeln Nr. 5 und in Acqua im Patentmuster arbeiten.
1. R: Randm., *1 M rechts, 1 M links abheben, dabei den Faden als Umschlag über die Nadel legen, ab * wiederholen. Mit 1 M rechts und Randm. enden.
2. R: Randm., *1 M links abheben, die M mit dem darüberliegenden Umschlag rechts zusammenstricken, ab * wiederholen.
3. R: Randm., *die M mit dem darüberliegenden Umschlag rechts zusammenstricken, 1 M links abheben, ab * wiederholen.
Die 2. und 3. R fortlaufend wiederholen.

Bündchenmuster
Mit Nadeln Nr. 4½–5: Abwechselnd 1 M rechts, 1 M links. Am Pullover in Grau und an der Weste in Blau arbeiten.

Maschenprobe
8 M und 11 R im Grundmuster I = 5 x 5 cm.

Arbeitsanleitung Pullover

Rücken
74 (80) M in Grau anschlagen und 7 cm im Bündchenmuster arbeiten. Anschließend im Grundmuster I in Grau weiterstricken, dabei verteilt in der 1. R 6 (5) M aufnehmen = 80 (85) M. Nach 2 cm mit den Streifen beginnen. In 46 cm Höhe ab Anschlag für den Armausschnitt

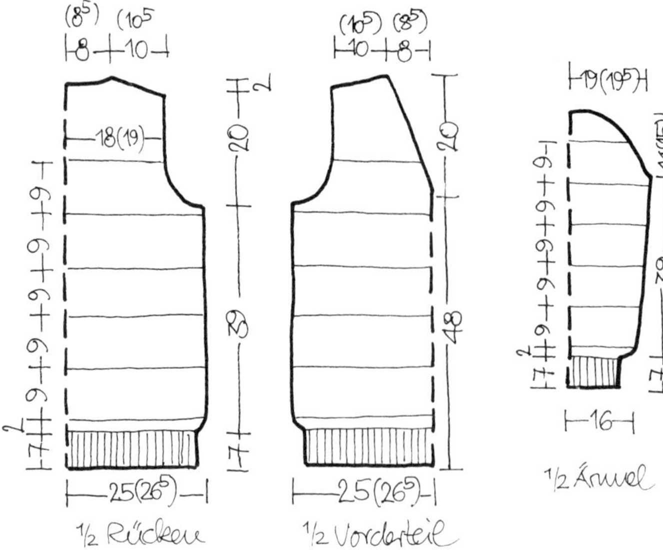

beidseitig 1x4, 1x3, 1x2 und 2 (3) x1 M abketten = 58 (61) M. Für die Schulterschrägung in 20 cm Höhe ab Armausschnitt beidseitig 2x5 und 1x6 (1x5 und 2x6) M abketten. Nach der 2. abgeketteten Stufe gleichzeitig für den Halsausschnitt die mittleren 24 (25) M und beidseitig davon 1x1 M abketten.

Vorderteil

Wie das Rückenteil anfertigen, jedoch in 48 cm Höhe ab Anschlag für den Halsausschnitt die Arbeit teilen und in zwei gegengleichen Hälften fortfahren. Bei ungerader M-Zahl beim Teilen die mittlere M abnehmen. An der Halsausschnittkante abwechselnd 1x in der 2. R und 1x in der 4. R 1 M abnehmen, bis 13 M abgenommen sind.

Ärmel

Für beide Größen 34 M in Grau anschlagen und 7 cm im Bündchenmuster arbeiten. Anschließend 2 cm im Grundmuster I in Grau stricken, dabei in der 1. R verteilt 18 M aufnehmen. Nun die Streifen arbeiten. An beiden Kanten 4x alle 8 cm (5x alle 7 cm) 1 M aufnehmen. Man erhält 60 (62) M.

In Streifenhöhe wie am Armausschnitt die Armkugel wie folgt arbeiten: beidseitig 1x3, 9 (8) x1, 5 (6) x2 und 1x3 M locker abketten. Die restlichen 10 M ebenfalls abketten.

Fertigstellung

Teile nach Schnitt spannen und mit einem feuchten Tuch bedeckt trocknen lassen. Die Nähte schließen. Am Ausschnitt

des Rückenteils in Grau mit dem Nadelspiel 25 (27) M auffassen, am Vorderteil je 38 (39) M und 1 M in der vorderen Mitte. Im Bündchenmuster arbeiten, dabei in jeder Rd in der vorderen Mitte 2 M miteinander abheben, 1 M stricken und die abgehobenen M überziehen. Mit der 8. Rd abketten. Die Ärmel einsetzen.

Arbeitsanleitung Weste

Rücken

83 (89) M in Blau anschlagen und im Bündchenmuster arbeiten, auf der Rückseite der Arbeit mit Randm., 1 M links (Randm., 1 M rechts) beginnen. Nach der 5. R die Streifen im Grundmuster I stricken, dabei nur für Größe 38 in der Mitte 1 M aufnehmen = 84 (89) M.

In 48 (47) cm Höhe ab Anschlag für den Armausschnitt beidseitig 1x5 (6) M abketten = 74 (77) M. Für die Schulterschrägung in 24 (25) cm Höhe ab Armausschnitt beidseitig 1x7 und 2x8 (3x8) M abketten. Wenn je 1 Stufe abgekettet ist, gleichzeitig für den Halsausschnitt die mittleren 26 (27) M und beidseitig davon 1x1 M abketten.

Vorderteil

Mit dem linken Vorderteil beginnen. 40 (43) M in Blau anschlagen und im Bündchenmuster arbeiten, auf der Rückseite der

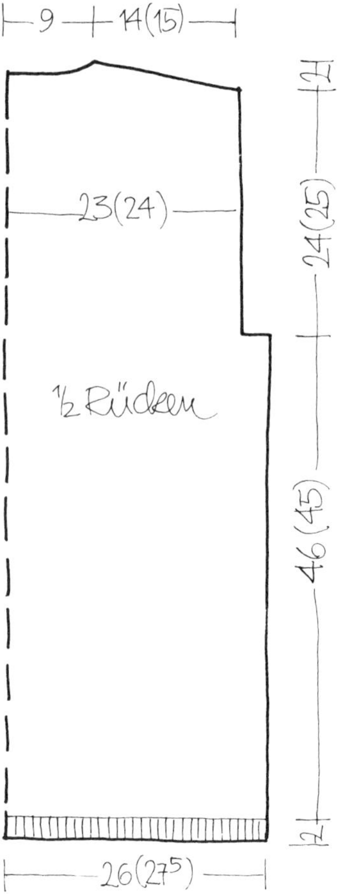

Arbeit mit Randm., 1 M links beginnen.

Nach der 5. R mit den Streifen im Grundmuster I weiterarbeiten. Dabei die Abnahmen für Armausschnitt und Schulterschrägung wie am Rückenteil beschrieben arbeiten. Für den

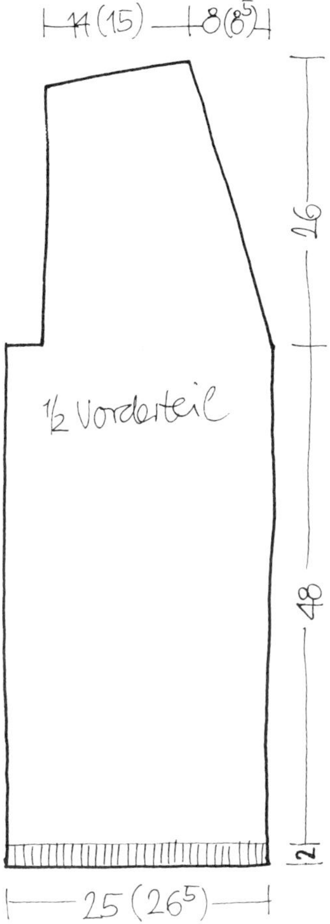

Halsausschnitt in 48 cm Höhe ab Anschlag an der vorderen Kante 1 M abnehmen. Dies abwechselnd 2x jede 4. R und 1x in der 6. R wiederholen, bis 12 (13) M abgenommen sind.
Das rechte Vorderteil gegengleich arbeiten, dabei das Bündchenmuster in der Rückr. mit Randm., 1 M rechts (Randm., 1 M links) beginnen.

Fertigstellung
Teile nach Schnitt spannen und mit feuchten Tüchern bedeckt trocknen lassen.
Vorerst nur die beiden Schulternähte schließen. Am geraden Rand der Armausschnitte in Blau 85 (91) M auffassen. Im Bündchenmuster arbeiten, auf der Rückseite der Arbeit mit Randm., 1 M links beginnen. Mit der 8. R abketten. Die Schmalkanten an die abgeketteten M am Armausschnitt annähen und die Seitennähte zusammennähen.
Um den vorderen Rand und um den Halsausschnitt ein gleiches Bündchen anstricken, dabei am geraden vorderen Rand 84 M auffassen, am Ausschnitt der Vorderteile je 52 M und am Ausschnitt des Rückenteils 29 M.

Arbeitsanleitung Schal

35 M in Acqua anschlagen und im Grundmuster II arbeiten. Bei einer Länge von 150 cm abketten. An beiden Schmalkanten in die 1. und weiter in jede 2. M 1 feste M, 2 Luftmaschen häkeln. Für die Fransen ca. 40 cm lange Fäden schneiden und bei jedem Luftmaschenbogen 2 Fäden einknüpfen.

Damenjacke

Größen 36, 38/40 und 42.
Bei unterschiedlichen Angaben: Größen 38/40 und 42 in Klammern. Länge 77 (79/80) cm, Weite 100 (106/111) cm.

Material

H.E.C. Wolle, Qualität aarlan natura. 1500 (1600/1650) g in Beige Nr. 5353. 1 Paar Stricknadeln Nr. 4½ und 6, 1 Hilfsnadel, 6 Knöpfe.

Grundmuster I

1. R (Hinr.): rechts.
2. R (Rückr.): Randm., *1 M links abheben, dabei den Faden als Umschlag über die Nadel legen, 1 M rechts, ab * wiederholen.
3. R (Hinr.): Randm., *1 M rechts, die M mit dem darüberliegenden Umschlag rechts verschränkt zusammenstricken, ab * wiederholen.
Die 2. und 3. R fortlaufend wiederholen.

Grundmuster II

Zopf über 15 M Breite.
Rückr.: Randm., 2 M rechts, 9 M links, 2 M rechts, Randm.
Hinr.: Randm., 2 M links, 9 M rechts, 2 M links, Randm.
In der 4. R auf der Vorderseite der Arbeit bei den 9 rechten M die ersten 3 M auf eine Hilfsnadel nach vorne legen, 3 M rechts stricken, dann die 3 M von der Hilfsnadel rechts abstricken, 3 M rechts. 5 R darüberstricken und dann in der Hinr. von den 9 rechten M 3 M rechts stricken, die folgenden 3 M auf eine Hilfsnadel nach hinten legen, 3 M rechts, dann die 3 M von der Hilfsnadel rechts abstricken, 5 R darüberstricken und von der 4. R an wiederholen.

Bündchenmuster

Rippen arbeiten = beidseitig rechts stricken.

Maschenprobe

7 M und 12 R im Grundmuster I = 5 x 5 cm.

Arbeitsanleitung

Rücken

74 (78/82) M anschlagen und im Bündchenmuster arbeiten. Nach der 5. Rippe im Grundmuster I weiterstricken. In 49 (49,5/50,5) cm Höhe ab Anschlag für den Armausschnitt beidseitig 1x4 M abketten = 66 (70/74) M. In 26 (27,5/27,5) cm ab Armausschnitt für die Schulterschrägung beidseitig 2x10 (2x11/1x11 und 1x12) M abketten. Die restlichen 26 (26/28) M ebenfalls abketten.

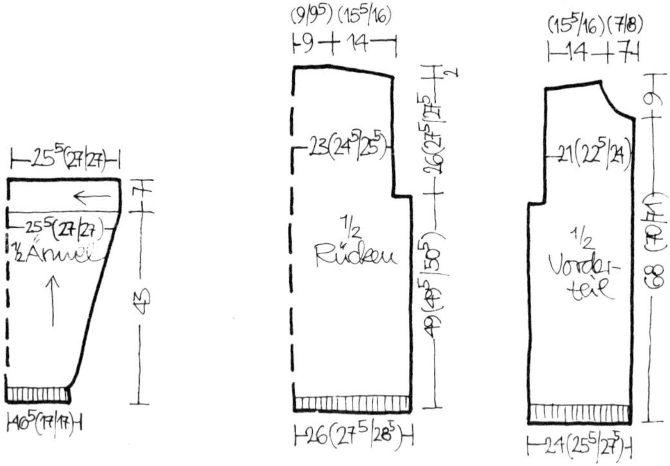

Vorderteil

Zwei gegengleiche Teile anfertigen. Für ein Teil 34 (36/38) M anschlagen und im Bündchenmuster stricken. Nach der 5. Rippe im Grundmuster I weiterarbeiten. Die Abnahmen für Armausschnitt und Schulterschrägung wie am Rückenteil arbeiten. Für den Halsausschnitt 68 (70/71) cm ab Anschlag 1 x 3 (3/4), 5 x 1 M abketten und dann noch 2 x jede 4. R 1 M abnehmen.

Ärmel

42 (42/44) M anschlagen und im Bündchenmuster stricken. Nach der 5. Rippe im Grundmuster I weiterarbeiten, dabei verteilt in der 1. R 4 (6/4) M aufnehmen = 46 (48/48) M. An beiden Kanten 9 (4/4) x alle 3 cm und 4 (10/10) x alle 2,5 cm 1 M aufnehmen = 72 (76/76) M. Bei 43 cm ab Anschlag alle M abketten. Nun separat 15 M anschlagen und im Grundmuster II arbeiten. Bei (leicht gedehnt) 51 (54/54) cm Höhe abketten und anschließend das Teil an den oberen Ärmelrand annähen.

Kragen

24 M anschlagen. In der Rückr. Randm., 2 M rechts, 9 M links, 11 M rechts, Randm. stricken, in der Hinr. Randm., 11 M links, 9 M rechts, 2 M links, Randm. Bei den 9 rechten M je 3 und 3 M kreuzen, wie beim Grundmuster II angegeben. Bei einer Länge von 54 cm abketten.

Fertigstellung
Teile nach Schnitt spannen und mit feuchten Tüchern bedeckt trocknen lassen. Die Nähte schließen, dabei an den Ärmeln die oberen 3 cm offenlassen. Für die Verschlußpatten 9 M im Bündchenmuster arbeiten. Wenn (leicht gedehnt) der Halsausschnitt erreicht ist, abketten und die Patte am linken Vorderteil annähen. Nun an dieser Patte die Lage der Knopflöcher einteilen und mit Stecknadeln markieren: bis zum ersten Knopfloch 15 (16/17) cm und vom letzten Knopfloch bis zur oberen Kante 2 cm. Die übrigen Knopflöcher gleichmäßig verteilen. Nun die 2. Patte stricken, dabei für die Knopflöcher die mittleren 3 M abketten, ohne die M abzustrikken, und sogleich mit dem Arbeitsfaden 3 M anschlagen. Diese Patte am rechten Vorderteil annähen. Den Kragen von der vorderen Kante weg gleichmäßig verteilt um den ganzen Halsausschnitt annähen, und zwar angestürzt mit der Kante, an welcher nur 2 linke M sind. Die 2. Hälfte nach innen umschlagen und ansäumen. Die Knöpfe an den markierten Stellen annähen. Die Ärmel einsetzen, dabei jeweils den offenen Rand an die abgeketteten M am Armausschnitt annähen. Für den Gürtel 9 M im Bündchenmuster 155 cm lang stricken.

Winterset für Mädchen

Pullover

Größen 140, 152 und 164 = ca. 10, 12 und 14 Jahre.
Bei unterschiedlichen Angaben: Größen 152 und 164 in Klammern. Länge 53 (59/60) cm, obere Weite 80 (86/92) cm.

Material
Pullover und Stulpen: H.E.C. Wolle, Qualität aarlan arwetta. 170 (200/250) g in Cyclam Nr. 71, 150 (170/200) g in Dunkelblau Nr. 90, je 130 (150/170) g in Orange Nr. 67 und Petrol Nr. 26. Je 1 Paar Stricknadeln Nr. 2 und 2½–3.

Grundmuster
Mit Nadeln Nr. 2½–3: Glatt rechts = Hinr. rechts, Rückr. links. Die Streifen und die gekrauste Fläche wie folgt arbeiten:
1. und 2. R: in Cyclam.
3.–16. R: in Dunkelblau.
In der 5. R auf der Vorderseite der Arbeit werden alle M zwischen den Randmaschen verdoppelt, d.h. fortwährend 1 M rechts strik-

ken, 1 M rechts verschränkt aufnehmen.
17.–30. R: in Orange, dabei in der 1. orangefarbenen R innerhalb der Randm. immer 2 M rechts zusammenstricken und in der 5. orangefarbenen R die M zwischen den Randm. verdoppeln.
Die 17.–30. R fortlaufend wiederholen, dabei * je 14 R in Petrol, Cyclam, Dunkelblau und Orange arbeiten und ab * fortlaufend wiederholen.

Bündchenmuster
Mit Nadeln Nr. 2 in Cyclam: Abwechselnd 2 M rechts, 2 M links.

Maschenprobe
Mit Nadeln Nr. 2½–3 im Grundmuster: 15 M der gekrausten Fläche glatt gezogen = 5 cm Breite. Gemischt glatte und gekrauste Streifen: 11½ M und 22½ R = 5 x 5 cm.

Arbeitsanleitung Pullover

Rücken
90 (94/102) M anschlagen und im Bündchenmuster arbeiten, auf der Rückseite der Arbeit mit Randm., 2 M rechts beginnen. Nach 8 cm im Grundmuster weiterarbeiten, dabei verteilt in der 1. R 4 (8/6) M aufnehmen = 94 (102/108) M. Bei den gekrausten Streifen erhält man 186 (202/214) M.
Mit dem Armausschnitt für Größe 140 beim 3. dunkelblauen Streifen in der 6. R beginnen = ca. 34,5 cm ab Anschlag und beidseitig auf der Rückseite der Arbeit innerhalb der Randm. 8 x 2 M links zusammenstricken und in den folgenden 2 R jeweils 8 M abketten.
Für die Größen 152 und 164 ca. 39 cm ab Anschlag über dem 3. orangefarbenen Streifen in der 3. und 4. petrolfarbenen R jeweils die ersten 9 M abketten. Man erhält 78 (84/90) M bei den glatten Streifen.
Für die Schulterschrägungen in Größe 140 nach dem 4. orangefarbenen Streifen in Petrol die Abnahmen im Grundmuster ausführen, jedoch die Aufnahmen weglassen. Nach der 2. R in Petrol beidseitig 1 x 7 und 2 x 8 M abketten.
Für die Größe 152 nach dem 4. cyclamfarbenen Streifen in Dunkelblau die Abnahmen im Grundmuster ausführen, jedoch die Aufnahmen weglassen. Nach der 2. R beidseitig 2 x 8 und 1 x 9 M abketten.
Für die Größe 164 nach dem 4. cyclamfarbenen Streifen in Dunkelblau die Abnahmen im Grundmuster ausführen und in der 5. R nur die mittleren 34 M verdoppeln. Nach der 6. R beidseitig 1 x 9 und 2 x 10 M abketten, dann auf der Rückseite der Arbeit fortlaufend 2 M links zusammenstricken. Bei allen 3

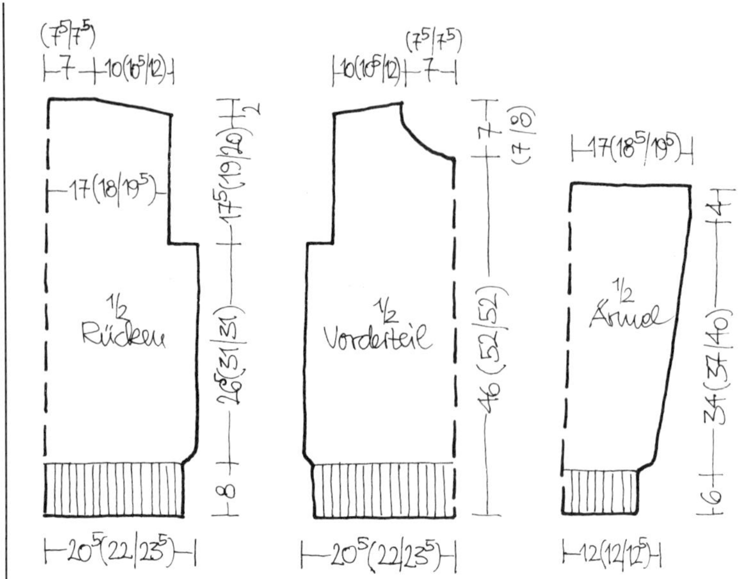

Größen auf der Vorderseite die restlichen 32 (34/34) M locker abketten.

Vorderteil
Wie das Rückenteil anfertigen, jedoch nach der 2. R des 4. dunkelblauen (4. petrolfarbenen / 4. petrolfarbenen) Streifens für den Halsausschnitt die mittleren 12 M locker abketten und jede Seite getrennt beenden. Zusätzlich noch 1x4, 2x2 und 2 (3/3) x1 M abketten, dabei in der 5. dunkelblauen (5. petrolfarbenen/5. petrolfarbenen) R von der Armausschnittkante aus nach der Randm. nur 23 (25/28) M verdoppeln.

Ärmel
46 (46/50) M anschlagen und 6 cm im Bündchenmuster stricken, anschließend im Grundmuster wie am Rückenteil weiterarbeiten, dabei auf der Rückseite der Arbeit rechts stricken und verteilt in der 1. R 8 M aufnehmen = 54 (54/58) M. An beiden Kanten 9 (8/10) x alle 3 cm, 2x alle 2 cm und 2 (6/4) x alle 1,5 cm 1 M aufnehmen = 80 (86/90) M bei den glatten Streifen.
Wird während eines gekrausten Streifens aufgenommen, dann werden beim nächstfolgenden Farbwechsel nur über den verdoppelten M je 2 M rechts zusammengestrickt. Die seitlich

aufgenommenen M normal rechts abstricken.

In der 5. R mit der neuen Farbe zwischen den Randm. alle M verdoppeln. Nach dem 3. cyclamfarbenen (4. dunkelblauen/4. orangefarbenen) Streifen mit der gleichen Farbe auf der Vorderseite der Arbeit je 2 M rechts zusammenstricken, 1 R links stricken und auf der Vorderseite der Arbeit locker abketten.

Fertigstellung

Die Nähte schließen, dabei die linke Schulternaht offenlassen und an den Ärmeln den letzten Streifen. Am unteren Rand der Ärmel 4 cm die Nahtkante vorstehen lassen und 3 cm nach außen umlegen. In Orange (Cyclam/Cyclam) aus den Halsausschnittkanten des Vorderteils 49 (53/57) M und des Rükkenteils 32 (34/34) M auffassen und im Grundmuster arbeiten. Dabei auf der Rückseite des Pullovers links stricken. Nach dem 1. Streifen folgt ein Streifen in Dunkelblau (Petrol/Petrol), dann ein Streifen in Cyclam (Orange/Orange), dabei nur die 1. R in Cyclam (Orange/Orange) auf der Vorderseite der Arbeit rechts stricken und weiter auf der bisherigen Rückseite rechts stricken, da der Kragen umgeschlagen wird. Die anschließenden Streifen werden dann noch in Petrol, Orange, Dunkelblau, Cyclam (Dunkelblau, Cyclam, Petrol, Orange/Dunkelblau, Cyclam, Petrol, Orange) gestrickt. Mit der gleichen Farbe vom letzten Streifen und mit Nadeln Nr. 2 beidseitig rechts stricken, dabei in der 1. R je 2 M rechts zusammenstricken. Nach der 3. Rippe alle M locker abketten. Schulter- und Kragennähte schließen, dabei am Kragen die Nahtkanten auf der links gestrickten Seite vorstehen lassen. Den Kragen zweimal nach außen umrollen. Die Ärmel einsetzen, dabei jeweils den offenen Rand an die abgeketteten M am Armausschnitt annähen.

Arbeitsanleitung Stulpen

64 M locker anschlagen und 5 cm im Bündchenmuster arbeiten, auf der Rückseite der Arbeit mit Randm., 2 M rechts beginnen. Anschließend mit den Streifen im Grundmuster weiterstrikken, dabei sofort mit der 3. Musterr. und in Dunkelblau beginnen. In der 1. R verteilt 0 (2/2) M aufnehmen = 64 (66/66) M. Alle Streifen 12 (12/14) R hoch stricken. Mit der 3. orangefarbenen R beidseitig 1 M aufnehmen und dies noch 5x stets in der 3. Musterr. einer neuen Farbe wiederholen. Wenn der petrolfarbene Streifen 2x gestrickt ist, in Cyclam auf der Vorderseite der Arbeit 1 R rechts stricken, dabei

zwischen den Randm. je 2 M zusammenstricken = 76 (78/78) M. Mit Nadeln Nr. 2½ im Bündchenmuster weiterarbeiten, dabei verteilt in der 1. R 6 (4/4) M aufnehmen = 82 M. Nach 5 cm locker abketten und die Naht schließen.

Weste

Größen 140, 152 und 164 = ca. 10, 12 und 14 Jahre.
Bei unterschiedlichen Angaben: Größen 152 und 164 in Klammern. Länge 56 (62/62) cm, Weite 85 (93/95) cm.

Material

H.E.C. Wolle, Qualität aarlan polo. 480 (520/550) g in Cyclam Nr. 3871. Je 1 Paar Stricknadeln Nr. 3½ und 4–4½, 1 Nadelspiel Nr. 3½. Für die Kordeln 1 Paar kurze Nadeln ohne Köpfchen Nr. 3–3½.

Grundmuster

Mit Nadeln Nr. 4–4½: Glatt rechts, dabei in der 1. R die M zwischen den Randm. verdoppeln (s. Grundmuster Pullover). Bei 12,5 (14/14) cm Höhe in der Hinr. zwischen den Randm. immer 2 M rechts zusammenstricken. In der 4. folgenden R von der 1. R an wiederholen.

Maschenprobe

Mit Nadeln Nr. 4–4½ im Grundmuster: 11½ M der gekrausten Fläche glatt gezogen und 14 R = 5 x 5 cm. Bei den glatten Streifen zwischen den gekrausten Flächen ergeben 7 M 5 cm Breite.

Arbeitsanleitung Weste

Rücken

60 (66/68) M anschlagen und für den Saum Rückr. links, Hinr. rechts stricken. Nach der 13. R im Grundmuster weiterarbeiten. Die Kanten bleiben gerade. Wenn der 4. gekrauste Streifen 11 (12,5/12,5) cm hoch ist, für die Schulterschrägung in der Hinr. 3 x 7 (2 x 8 und 1 x 7/3 x 8) Doppelabketten arbeiten und gleichzeitig in der Rückr. 2 x 7 (2 x 8/2 x 8). 1 Doppelabketten in der Hinr. = 2 M rechts zusammenstricken und 1 M abketten. 1 Doppelabketten in der Rückr. = 2 M links zusammenstricken und 1 M abketten.
Ist auf der Vorderseite der Arbeit die 3. Schulterabnahme ausgeführt, bis zum Ende dieser R stets 2 M rechts zusammenstrikken. Für die 3. Schulterabnahme auf der Rückseite der Arbeit 7 (7/8) M normal abketten. Die verbleibenden 18 (20/20) M abstrikken und auf der Vorderseite der Arbeit locker abketten.

Vorderteil

Zwei gegengleiche Teile wie am Rückenteil arbeiten, dabei für ein Teil 31 (34/35) M locker

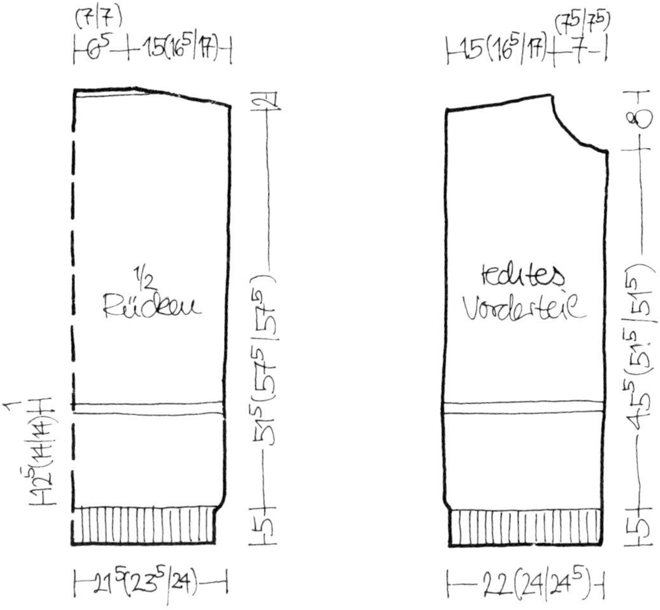

anschlagen. Wenn der 4. gekrauste Streifen 5 (6,5/6,5) cm hoch ist, für den Halsausschnitt an der vorderen Kante 1x4, 2x2 und 2x1 (1x4, 1x3, 1x2 und 2x1/1x4, 1x3, 1x2 und 2x1) Doppelabketten ausführen. Es verbleiben 40 (44/46) M. Wenn der gekrauste Streifen 11 (12,5/12,5) cm hoch ist, für die Schulterschrägung in drei Stufen abketten, dabei außer an den Randm. stets Doppelabketten ausführen.

Kordeln

Eine Kordel von 120 (120/135) cm Länge und 8 Kordeln von je knapp 20 cm Länge stricken. Für eine Kordel auf den kurzen Nadeln Nr. 3–3½ ohne Köpfchen 3 M anschlagen, *ohne zu wenden die M an das andere Nadelende schieben, den Faden hintenherum legen und die 3 M rechts stricken. Ab * fortlaufend wiederholen.

Fertigstellung

An den Schultern einen Faden einziehen und damit die Schulterbreite auf 15 (16,5/17) cm fixieren. Nun die Nähte schließen, dabei die Seitennähte nur bis zum Beginn des 3. gekrausten Streifens zusammennähen. Mit

dem Nadelspiel Nr. 3½ um den Armausschnitt 85 (97/97) M auffassen und in Rd rechts stricken. Mit der 19. Rd locker abketten und die Hälfte nach innen säumen.
Um den Halsausschnitt mit Nadeln Nr. 3½ an den Vorderteilen je 25 (27/28) M auffassen und am Rückenteil 21 (23/23) M. Glatt rechts arbeiten. Mit der 20. R abketten und die Hälfte nach innen säumen. An den vorderen Kanten 1 R feste M häkeln. Um den unteren Rand 6 R nach innen säumen. Die lange Kordel in den Saum einziehen und vorne binden. Die kurzen Kordeln jeweils bei den schmalen Streifen und zusätzlich in der Mitte des Stehkragens annähen und binden.

Herrenweste mit Schalkragen

Größen: Mittlere und große Herrengröße.
Bei unterschiedlichen Angaben: Große Herrengröße in Klammern.

Material
Berger du Nord Wolle, Qualität Laine d'Islande. 350 (400) g in Noisette. Je 1 Paar Stricknadeln Nr. 5 und 5½, 4 Knöpfe.

Grundmuster
Mit Nadeln Nr. 5½ im Phantasiemuster arbeiten.
1. R: *5 M links, 1 M rechts, 1 M links, 1 M rechts*. Von * bis * fortlaufend wiederholen.
2. R: Die M stricken, wie sie erscheinen.
3. R: *5 M links, 1 doppelte M (die rechte Nadel in die folgende M eine R tiefer einstechen und 1 M rechts stricken, 1 M links, 1 doppelte M*. Von * bis * fortlaufend wiederholen.
Die 2. und 3. R fortlaufend wiederholen.

Bündchenmuster
Mit Nadeln Nr. 5: Abwechselnd 1 M rechts, 1 M links.

Maschenprobe
Mit Nadeln Nr. 5½ im Phantasiemuster: 14 M und 21 R = 10 x 10 cm.

Arbeitsanleitung

Rücken
69 (75) M anschlagen und 8 cm im Bündchenmuster stricken.

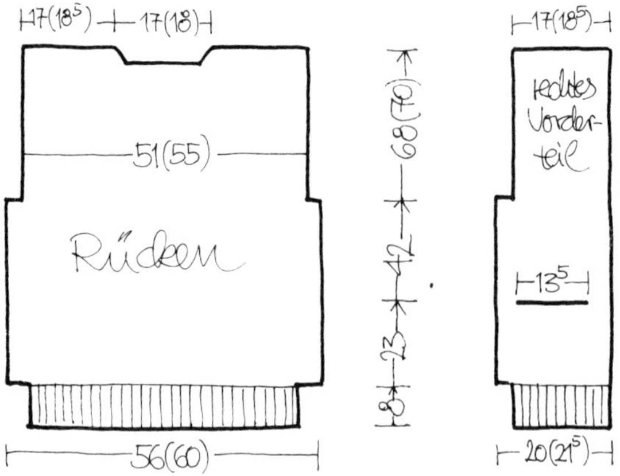

Im Grundmuster weiterarbeiten, dabei mit 6 (5) linken M beginnen und enden.
In der 1. R verteilt 10 M zunehmen = 79 (85) M. Bei einer Gesamthöhe von 42 cm beidseitig für die Armausschnitte 1x4 M abketten. Bei einer Gesamthöhe von 66 (68) cm die mittleren 19 (21) M abketten und jede Seite getrennt beenden. Am Halsausschnittrand 1x2 M abketten. Bei einer Gesamthöhe von 68 (70) cm ab Anschlag die restlichen 24 (26) M für die Schulter gerade abketten.

Vorderteil
Für das rechte Vorderteil 25 (27) M anschlagen und 8 cm im Bündchenmuster stricken. Dann im Grundmuster weiterarbeiten, dabei am rechten vorderen Rand mit 6 linken M beginnen, in der 1. R 3 M gleichmäßig verteilt zunehmen = 28 (30) M. Bei einer Gesamthöhe von 23 cm die Tasche einarbeiten, dafür 19 M (6 M vom rechten Rand entfernt) auf einem Hilfsfaden stillegen. Für die Innentasche 19 M anschlagen und 15 cm glatt rechts stricken. Mit den M der Innentasche im Grundmuster weiterarbeiten und bei einer Gesamthöhe von 42 cm für den Armausschnitt am linken Rand die Abnahmen wie am Rückenteil ausführen. Bei einer Gesamthöhe von 68 (70) cm die restlichen 24 (26) M für die Schulter gerade abketten.
Das linke Vorderteil gegengleich arbeiten.

Fertigstellung
An jedem Tascheneingriffsrand 21 M auffassen und 3 cm im Bündchenmuster stricken. Alle M locker abketten. Die Innentaschen ansetzen.
Schulternähte schließen. Für die vordere Blende 17 M anschlagen und 4 cm im Bündchenmuster arbeiten. Die Blende wird während des Strickens mit dem linken vorderen Rand verbunden. Anschließend 4 M vom linken Rand entfernt das 1. Knopfloch über 1 M einarbeiten: 2 M zusammenstricken, 1 Umschlag. Noch weitere 3 Knopflöcher im Abstand von ca. 9 cm einarbeiten. Bei einer Gesamthöhe von 34 cm am rechten Rand (Nahtrand) in jeder 4. R 17 x 1 M für die Halsausschnittblende zunehmen. Nach Beendigung der Zunahmen über die 34 M gerade weiterarbeiten, bis die Hälfte des rückwärtigen Halsausschnittes erreicht ist.
Die zweite Seite (rechtes Vorderteil) gegengleich stricken. Anstelle der Zunahmen jetzt Abnahmen arbeiten.
Für die Armausschnittblenden 9 M anschlagen, im Bündchenmuster stricken und entsprechend der Höhe des rückwärtigen und vorderen Armausschnittes während des Strickens die Blende ansetzen.
Die Seitennähte schließen. Die Knöpfe annähen.

Rustikaler Damenpulli mit Weste

Pulli

Größen 38/40 und 42/44.
Bei unterschiedlichen Angaben: Größe 42/44 in Klammern.
Oberweite 88–92 (96–100) cm + 12 (12) cm Schnittzugabe.

Material
Schachenmayr Wolle, Qualität Nomotta Dahlia. 750 (800) g in Kornblume 3823. 1 Paar Stricknadeln Nr. 4–4 ½ und 4 ½ –5.

Grundmuster I
Mit Nadeln Nr. 4½ oder 5:
Die 1. und 3. R = Hinr. nach Strickschrift I arbeiten.
Die 2. R und alle geraden R rechte M stricken. Am Anfang und Ende einer R 2 M glatt links stricken.
Die 1.–4. R stets wiederholen.

Grundmuster II
Mit Nadeln Nr. 4½ oder 5:
Die Hinr. nach Strickschrift II

arbeiten, in den Rückr. die M stricken, wie sie erscheinen. Die 1.–16. R stets wiederholen. Am Anfang und Ende einer R 2 M glatt links stricken.

Grundmuster III
Mit Nadeln Nr. 4½ oder 5:
Die Hinr. nach Strickschrift III arbeiten, dabei den Mustersatz fortlaufend wiederholen und die restlichen M dem Muster anpassen. In den Rückr. die M stricken, wie sie erscheinen.
1.–6. R fortlaufend wiederholen.

Grundmuster IV
Mit Nadeln Nr. 4½ oder 5:
Die Hinr. nach Strickschrift IV arbeiten, dabei bei Pfeil A (B) beginnen, den Mustersatz fortlaufend wiederholen und bei Pfeil C (D) enden.
Bei den Ärmeln bei Pfeil 0 (B) beginnen, den Mustersatz fortlaufend wiederholen und bei Pfeil 0 (D) enden.
In den Rückr. die M stricken, wie sie erscheinen.
Die 3.–14. R fortlaufend wiederholen.
Die 1. R nur zur Einteilung nach Musterwechsel stricken.

Bündchenmuster
Mit Nadeln Nr. 4–4½: Abwechselnd 1 M rechts, 1 M links.

Maschenprobe
Mit Nadeln Nr. 4½ oder 5 im Grundmuster I: 22 M und 25 R = 10 x 10 cm.

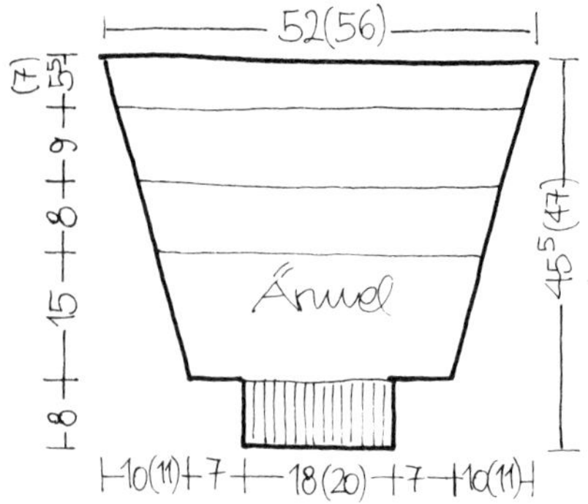

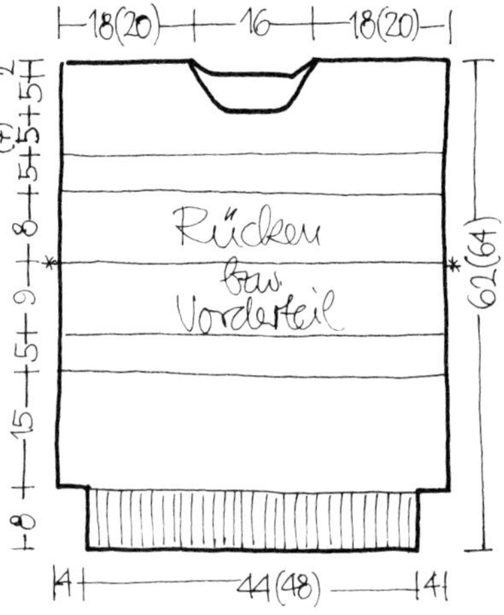

Arbeitsanleitung Pulli

Rücken
100 (108) M anschlagen und 8 cm = 20 R im Bündchenmuster stricken. Die letzte R (= Rückr.) rechts stricken und verteilt 18 M zunehmen = 118 (126) M. In den verschiedenen Grundmustern nach den jeweiligen Strickschriften wie folgt weiterarbeiten:
15 cm = 38 R im Grundmuster IV, 5 cm = 12 R im Grundmuster I, 9 cm = 26 R im Grundmuster II, 8 cm = 18 R im Grundmuster III, 5 cm = 12 R im Grundmuster I. Nun noch 12 (14) cm = 31 (37) R im Grundmuster IV stricken, dabei für den Halsausschnitt nach 10 (12) cm = 26 (32) R die mittleren 30 M abketten. Dann in jeder 2. folgenden R beidseitig 1x2 M und 1x1 M abketten. Die restlichen 41 (45) M auf jeder Seite auf eine Hilfsnadel stillegen.

Vorderteil
Wie das Rückenteil anfertigen, jedoch nach 47 (49) cm = 120 (126) R ab Bündchenmuster die mittleren 12 M abketten. Dann in jeder 2. folgenden R beidseitig 5x2 M und 2x1 M abketten. Die restlichen 41 (45) M auf jeder Seite auf eine Hilfsnadel stilllegen.

Ärmel
Mit dem linken Ärmel beginnen. 44 (48) M anschlagen und 8 cm = 20 R im Bündchenmuster stricken. Die letzte R (= Rückr.) rechts stricken und verteilt 30 M zunehmen = 74 (78) M. Anschließend 15 cm = 38 R im

---

Strickschrift I–IV
Zeichenerklärung

– = 1 linke M.
| = 1 rechte M.
ѱ = 1 M links, 1 M rechts, 1 M links aus einer M stricken.
∩ = 3 M links zusammenstricken:
⫽ = 1 M links auf eine Hilfsnadel hinter die Arbeit legen, 2 M rechts, 1 M links von der Hilfsnadel stricken.
⑊ = 2 M rechts auf eine Hilfsnadel vor die Arbeit legen, 1 M links, 2 M rechts von der Hilfsnadel stricken.
X = 2 M verkreuzen, die 2. rechte M vor der 1. M rechts stricken, dann die 1. M stricken und beide M von der Nadel gleiten lassen.
/ = 2 M verkreuzen, die rechte M vor der linken M stricken, die linke M hinter der rechten M stricken und beide M von der Nadel gleiten lassen.
\ = 2 M verkreuzen, die linke M hinter der rechten M stricken, die rechte M vor der linken M stricken und beide M von der Nadel gleiten lassen.
MS = Mustersatz

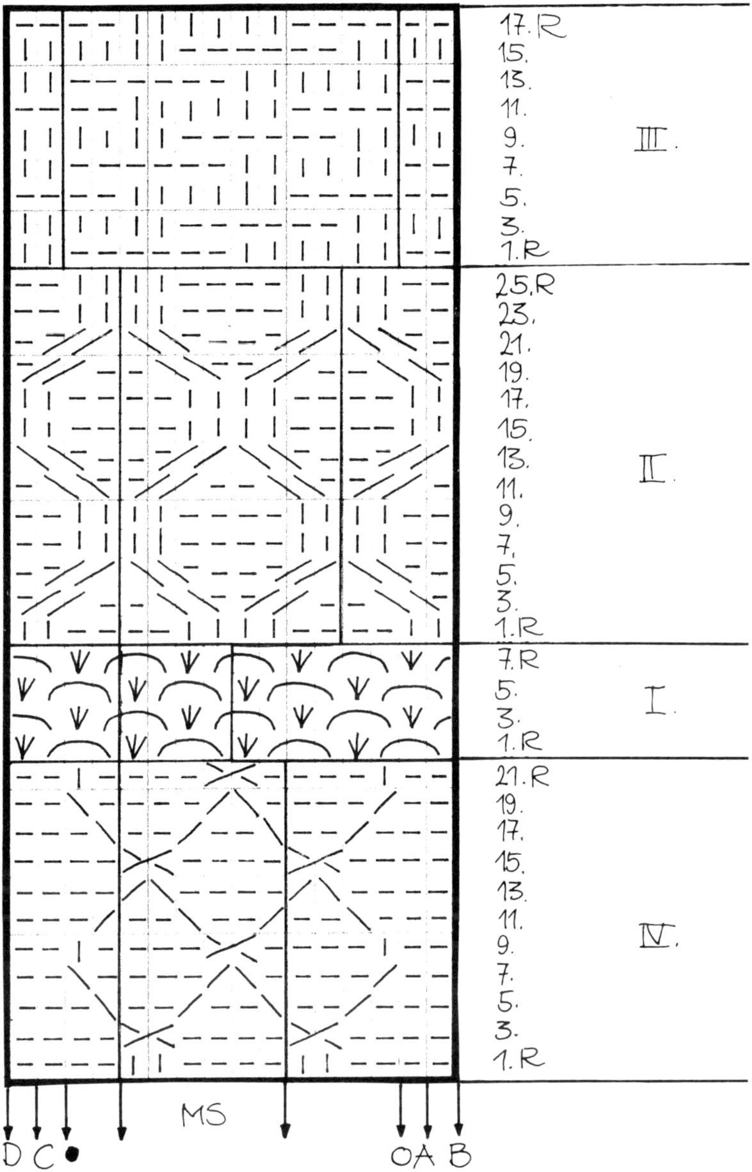
17. R
15.
13.
11.
9.
7.
5.
3.
1. R
III.
25. R
23.
21.
19.
17.
15.
13.
11.
9.
7.
5.
3.
1. R
II.
7. R
5.
3.
1. R
I.
21. R
19.
17.
15.
13.
11.
9.
7.
5.
3.
1. R
IV.
MS
D C •
O A B

Grundmuster IV weiterarbeiten und dabei für die Ärmelschrägungen in jeder 4. folgenden R beidseitig 22 (24)x1 M zunehmen. Weiter 8cm = 18 R im Grundmuster III arbeiten und 9cm = 26 R im Grundmuster II. Nun noch 5,5 (7) cm = 12 (16) R im Grundmuster I stricken und abschließend 118 (126) M locker abketten.
Den rechten Ärmel gegengleich arbeiten.

Fertigstellung
Teile nach Schnitt spannen, anfeuchten und trocknen lassen. Nähte wie folgt schließen: die Seitennähte bis auf 26 (28) cm, die Schulternähte mit Maschenstichen. Für die Halsausschnittblende 86 M anschlagen und 4,5cm = 12 R im Bündchenmuster stricken, dann die M der letzten R von rechts gut verteilt mit Steppstichen auf den Halsausschnitt nähen.

Weste

Größen 38/40 und 42/44.
Bei unterschiedlichen Angaben: Größe 42/44 in Klammern. Oberweite 88–92 (96–100) cm + 20 (20) cm Schnittzugabe.

Material
Schachenmayr Wolle, Qualität Nomotta Opera: 700 (750) g in Grünmeliert Nr. 7337; Qualität Nomotta Dahlia: je 50g in Purpur Nr. 3838 und Kornblume Nr. 3834. Je 1 Paar Stricknadeln Nr. 3½–4 und 4½–5. 8 Paar Metalldruckknöpfe.

Grundmuster
Mit Nadeln Nr. 4½ oder 5: Die Hinr. nach Strickschrift arbeiten, in den Rückr. die M stricken, wie sie erscheinen.
1x die 1.–16. R arbeiten, dann die 17.–32. R stets wiederholen.

Bündchenmuster
Mit Nadeln Nr. 3½ oder 4: Glatt rechts = Hinr. rechts, Rückr. links.

Maschenprobe
19 M und 23 R im Grundmuster = 10x10cm.

Arbeitsanleitung Weste

Rücken
105 (113) M anschlagen und im Grundmuster und nach der Strickschrift arbeiten, dabei die M wie folgt einteilen: Randm., 3 (7) M glatt links, dann 1x von A–B, 3x den Mustersatz, 1x von B–C, dabei in der 13. R, 29. R usw. das Muster durch 2 glatt linke M vor Pfeil C ersetzen, 2 (6) M glatt links, Randm. Die aufgestrickten farbigen Glatt-rechts-Streifen abwechselnd in Purpur und Kornblume arbeiten, in der nächsten Folge entsprechend der Strickschrift versetzen. Auf diese Weise 28cm = 64 R stricken,

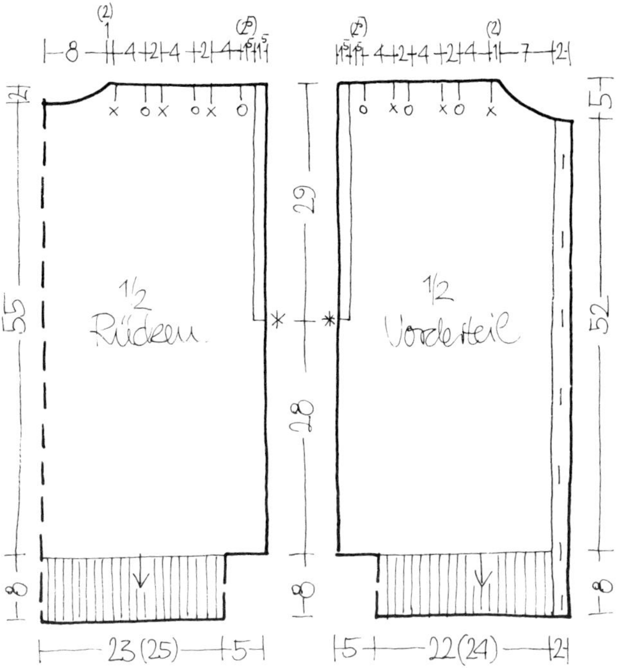

dann am rechten und linken Rand nach bzw. vor der Randm. 5 M breit 1 M rechts, 1 M links im Wechsel stricken, dazwischen im Grundmuster fortfahren. Ab hier weiter 27 cm = 62 R strikken, dann die mittleren 25 M abketten und die Schulterteile getrennt weiterarbeiten.
Für den Halsausschnitt in der 2. folgenden R noch 1x3 M abketten und anschließend die restlichen je 37 (41) M in einer Gesamthöhe von 57 cm locker abketten.

Vorderteil

Mit dem rechten Vorderteil beginnen. 53 (57) M anschlagen und im Grundmuster und nach der Strickschrift arbeiten, dabei die M wie folgt einteilen: Randm., 1 (5) M glatt links, 1x von A–B, 1x den Mustersatz, 1x von B–C, dabei in der 13. R, 29. R usw. die letzten 2 Muster-M durch 2 glatt linke M ersetzen. Weiterstricken wie beim Rückenteil beschrieben. Den Armausschnitt-Streifen am linken Arbeitsrand arbeiten. Nach 52 cm = 120 R für den

Halsausschnitt am rechten Arbeitsrand in jeder 2. folgenden R 1x5, 1x4, 1x3, 2x2 M abketten und in 57 cm Gesamthöhe die restlichen 37 (41) M abketten.
Das linke Vorderteil gegengleich arbeiten.

Fertigstellung
Teile nach Schnitt spannen, anfeuchten und trocknen lassen. Die Falten an der Schulter x auf o treffend heften (s. Schnitt). Nähte schließen, die Seitennähte bis zur markierten Stelle in der Schnittverkleinerung. Für das Bündchen aus dem unteren Rand insgesamt 120 (128) M aufnehmen, und zwar aus jedem Vorderteil 29 (31) M und aus dem Rückenteil 62 (66) M. Nun 16 cm = 40 R im Bündchenmuster stricken, den Bund zur Hälfte nach innen einschlagen und dort die M der letzten R mit Steppstichen an der inneren Kante festnähen. Für die vorderen Blenden 2x je 80 M anschlagen und 4 cm = 10 R im Bündchenmuster stricken, dann die M der letzten R gut verteilt mit Steppstichen von rechts auf die vorderen Kanten nähen, Blende zur Hälfte nach innen einschlagen und den Anschlagrand an der inneren Kante festnähen. Für den Kragen 62 M anschlagen und 10 cm = 25 R im Bündchenmuster stricken. Die M der letzten R gut verteilt mit Steppstichen von rechts auf den Halsausschnitt nähen, Kragen zur Hälfte nach innen einschlagen und am inneren Rand festnähen. Die vorderen Kragenränder zusammennähen und die Druckknöpfe entsprechend der Abbildung befestigen.

Strickschrift
Zeichenerklärung

□ = 1 linke M in Grünmeliert.
| = 1 rechte M in Grünmeliert.
 = 2 linke M auf eine Hilfsnadel hinter die Arbeit nehmen, 3 M rechts, 2 M links von der Hilfsnadel stricken.
 = 3 rechte M auf eine Hilfsnadel vor die Arbeit nehmen, 2 M links, 3 M rechts von der Hilfsnadel stricken.
 = In Purpur aus 1 linken M 5 M herausstricken = 1 rechte M, 1 rechts verschränkte M, 1 rechte M, 1 rechts verschränkte M, 1 rechte M, 9 R glatt rechts hocharbeiten, dann alle M auf der linken Seite zusammenstricken.
Jeweils bei jeder Grundmuster-R die beiden Randfäden der Randm. mit der linken M zusammenstricken.
 = Wie vorstehend beschrieben arbeiten, jedoch in Kornblume.

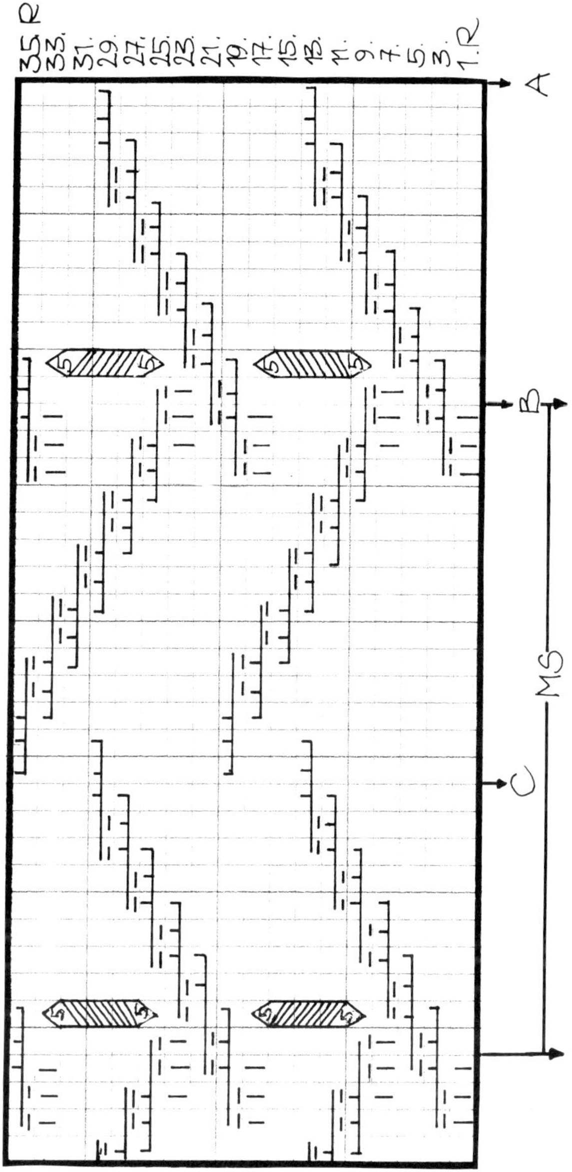

35.R
33.
31.
29.
27.
25.
23.
21.
19.
17.
15.
13.
11.
9.
7.
5.
3.
1.R
A
B
C
MS

Damenblouson

Größen 36, 38/40 und 42.
Bei unterschiedlichen Angaben: Größen 38/40 und 42 in Klammern. Länge des Modells 69 (72/72) cm, obere Weite 98 (102/106) cm.

Material
H. E. C. Wolle, Qualität aarlan titlis. 950 (1000/1050) g in Oliv Nr. 5598, 40 (50/60) g in Dunkelblau Nr. 5590, 50 g in Rot Nr. 5575 und 20 g in Gelb Nr. 5594. Je 1 Paar Stricknadeln Nr. 4½ und 5½, 1 Häkelnadel, 1 roter teilbarer Dekor-Reißverschluß, 65 (68/68) cm lang.

Grundmuster
Mit Nadeln Nr. 5½ in Oliv arbeiten.
1. und 3. R (Hinr.): rechts.
2. R (Rückr.): Randm., *1 Umschlag, 2 M rechts, den Umschlag über die 2 M rechts ziehen, 2 M links, ab * wiederholen.
4. R (Rückr.): Randm., 2 M links, weiter ab * wie in der 2. R beschrieben arbeiten.
Diese 4 R nun fortlaufend wiederholen.

Bündchenmuster
Mit Nadeln Nr. 4½: 1 M rechts, 1 M links, dabei in der Rückr. und in der Hinr. die rechten M verschränkt abstricken.

Maschenprobe
9 M und 13 R im Grundmuster = 5 x 5 cm.

Arbeitsanleitung

Rücken
69 (71/79) M in Dunkelblau anschlagen und im Bündchenmuster arbeiten, dabei die Rückr. mit Randm., 1 M links beginnen. Nach 8 cm für die Bruchkante in Blau 1 R auf der Rückseite der Arbeit alle M rechts stricken, dann in Oliv im Bündchenmuster fortfahren. Wenn 8 cm in Oliv gestrickt sind, im Grundmuster weiterarbeiten, dabei verteilt in der 1. R 19 (21/17) M aufnehmen = 88 (92/96) M. Nach 35 (37/36) cm im Grundmuster für den Armausschnitt beidseitig 1 x 3 (3/4) und 2 x 1 M abketten = 78 (82/84) M.
Bei den Größen 36 und 38/40 ist nun an beiden Kanten innerhalb der Randm. 1 M auf der Vorderseite der Arbeit rechts, auf der Rückseite der Arbeit links.
In 24 (25/26) cm Höhe ab Armausschnitt für die Schulterschrägung beidseitig 1 x 7 und 2 x 8 (3 x 8/2 x 8 und 1 x 9) M abketten. Anschließend die restlichen 32 (34/34) M ebenfalls abketten.

Vorderteil

Mit dem linken Vorderteil beginnen. 32 (34/38) M in Dunkelblau anschlagen. Wie am Rückenteil arbeiten, dabei die Rückr. ebenfalls mit Randm., 1 M links beginnen. Wenn 8 cm in Oliv gestrickt sind, im Grundmuster 2 cm hoch weiterarbeiten, dabei verteilt in der 1. R 12 (12/10) M aufnehmen = 44 (46/48) M. Nun für die Taschenöffnung nur die seitlichen 11 M 15 cm hochstricken, dabei an der inneren Kante in der 1. R für die Randm. 1 M aufnehmen und in der letzten R diese M wieder abnehmen. Die übrigen M bis zur gleichen Höhe arbeiten, dabei auch hier an der inneren Kante in der 1. R 1 M aufnehmen und in der letzten R wieder abnehmen. Über alle M weiterarbeiten. Die Abnahmen für den Armausschnitt und die Schulterschrägung wie am Rükkenteil arbeiten. Für den Halsausschnitt in 60,5 (63,5/63,5) cm ab der Bruchkante 1x5 (6/6), 1x3, 2x2 und 4x1 M abketten.
Das rechte Vorderteil gegengleich anfertigen, jedoch das Bündchenmuster auf der Rückseite der Arbeit mit Randm., 1 M rechts verschränkt beginnen.

Ärmel

Am linken Ärmel in Dunkelblau und am rechten Ärmel in Rot 38 (40/42) M anschlagen und im Bündchenmuster arbeiten. Nach 7 cm ab Anschlag 1 R auf der Rückseite der Arbeit rechts stricken und dann in Oliv 7 cm im Bündchenmuster weiterarbeiten. Nun im Grundmuster fortfahren, dabei verteilt in der 1. R 16 (18/16) M aufnehmen = 54 (58/58) M. An beiden Kanten 10 (10/2) x alle 2,5 cm und 6 (6/16) x alle 2 cm 1 M aufnehmen = 86 (90/94) M. In einer Höhe von 46 cm ab Bruchkante beidseitig 4x9 M abketten. Die restlichen 14 (18/22) M ebenfalls abketten.

Fertigstellung

Die Teile nach Schnitt spannen und mit einem feuchten Tuch bedeckt trocknen lassen. Für den Taschenuntertritt an der seitlichen Kante der Öffnung in Oliv 26 M auffassen, 12 cm Hinr. rechts, Rückr. links stricken, dann abketten und den Untertritt auf der Innenseite ansäumen.
Für die Taschenpatte am rechten Vorderteil in Oliv 23 M auffassen und 2 M in Gelb. Im Bündchenmuster arbeiten, dabei für die Randm. an der oberen Kante 1 M in Oliv aufnehmen und an der unteren Kante 1 M in Gelb. Das Muster in der Rückr. mit Randm., 1 M links beginnen. Nach der 7. R über alle M in Dunkelblau fortfahren, dabei die 1. R auf der Vorderseite der Arbeit im Bündchenmuster arbeiten, dann 1 R auf der Rückseite alle M rechts stricken. Noch 8 R im Bündchenmuster anfügen, dann abketten, das dunkelblaue

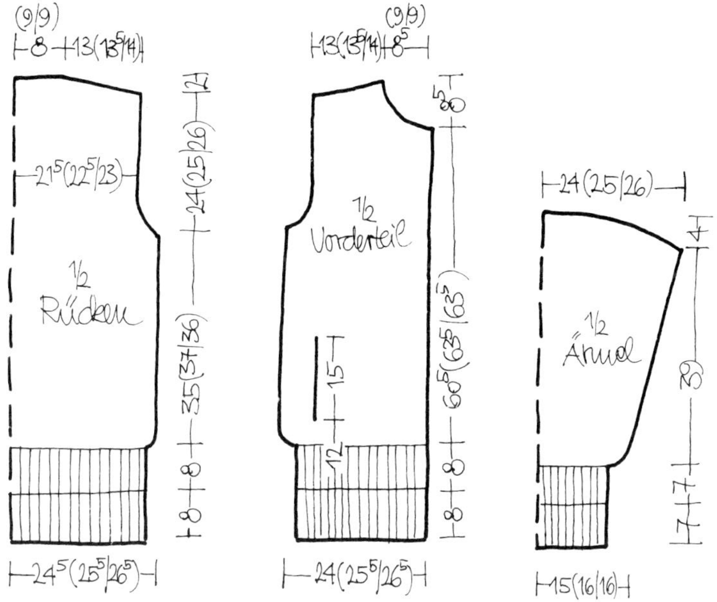

Bündchen nach innen biegen und ansäumen. Die Schmalkanten annähen. Am linken Vorderteil eine gleiche Patte anstricken, dabei jedoch zuerst 2 rote M auffassen, dann 23 M in Oliv. In der entsprechenden Farbe je 1 Randm. aufnehmen. Nach der 7. R statt in Dunkelblau in Gelb fortfahren. Die Nähte schließen, in Oliv um den Halsausschnitt an den Vorderteilen je 25 (26/26) M auffassen und am Rückenteil 29 (31/31) M. Im Bündchenmuster arbeiten, dabei die Rückr. mit Randm., 1 M links beginnen. Nach der 15. R in Rot fortfahren, dabei zuerst auf der Vorderseite der Arbeit 1 R im Bündchenmuster stricken, auf der Rückseite 1 R alle M rechts und dann wieder im Bündchenmuster fortfahren. Mit der 17. roten R locker abketten. Mit der entsprechenden Farbe an den vorderen Kanten jeweils 1 R halbe Stäbchen häkeln. Den Reißverschluß von der unteren Bruchkante bis zur halben Kragenhöhe einnähen. Die zweite Hälfte nach innen säumen. An der unteren Kante und an den Ärmeln das halbe Bündchen ebenfalls nach innen säumen. Die Ärmel einsetzen.

Mohairjacke

Größen 38 und 42.
Bei unterschiedlichen Angaben: Größe 42 in Klammern.

Material
Lanificio di Milano-Wolle, Qualität Centuria, Art. 501. 400 (450) g in Muscat Nr. 268, 50 g in Graublau Nr. 241. 1 Paar Stricknadeln Nr. 4–4½, 1 Knopf.

Grundmuster
Mit Nadeln Nr. 4 oder 4½: Glatt rechts = Hinr. rechts, Rückr. links.

Blendenmuster
Mit Nadeln Nr. 4 oder 4½: Glatt links = Hinr. links, Rückr. rechts.

Maschenprobe
15 M und 22 R = 10 x 10 cm.

Arbeitsanleitung

Rücken
86 (92) M in Muscat anschlagen und bis zu den Armausschnitten gerade hochstricken. In 33 (34) cm Höhe beidseitig 1 x 3 M und in jeder 2. R noch 2 (3) x 2 M und 5 x 1 M abketten = 62 (64) M. Bis 56 (58) cm Höhe gerade weiterarbeiten. Dann die mittleren 14 M abketten und beide Schultern getrennt beenden, dabei an der Ausschnittkante in der 2. R noch 1 x 5 M abketten. Die restlichen 19 (20) M je Schulter in 58 (60) cm Höhe gerade abketten.

Vorderteil
Mit dem rechten Vorderteil beginnen: 44 (47) M in Muscat anschlagen. An der linken Seite gerade hochstricken, an der rechten Seite abwechselnd in jeder 6. R und in jeder 4. R insgesamt 21 x 1 M zunehmen = 65 (68) M. Gleichzeitig in 33 (34) cm Höhe an der linken Seite den Armausschnitt wie beim Rücken arbeiten. In 50 (52) cm Höhe über der 5. und 6. M an der rechten Seite ein Knopfloch einarbeiten. In 52 (53) cm Höhe an der rechten Seite 26 M gerade abketten, dann in jeder 2. R noch 2 x 2 M und 4 x 1 M, die restlichen Schultermaschen in 58 (60) cm Höhe abketten.
Das linke Vorderteil gegengleich arbeiten, jedoch ohne Knopfloch.

Ärmel
48 (52) M in Muscat anschlagen und im Grundmuster arbeiten. Für die Weite in jeder 6. R 15 x 1 M beidseitig zunehmen = 78 (82) M. In 40 cm Höhe für die Armkugel beidseitig in jeder 2. R 1 x 4, 1 x 3, 6 (7) x 2, 2 x 3 und 1 x 4 M, die restlichen 20 M gerade abketten.

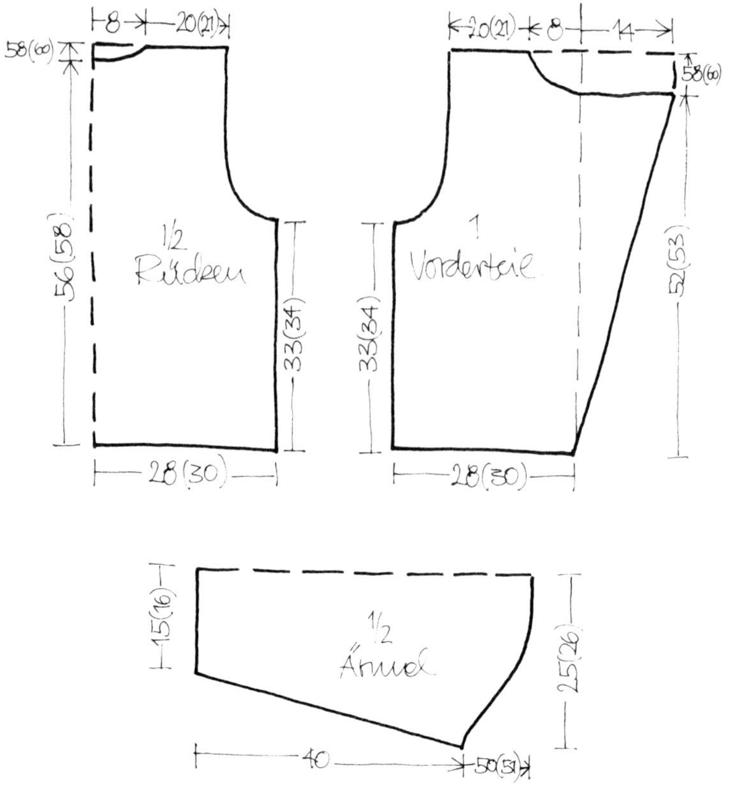

Fertigstellung
Alle Nähte schließen und leicht ausdämpfen. Dann an den Ärmelkanten in Graublau M aufnehmen und 10 R im Blendenmuster arbeiten. Diese Blende nach innen umschlagen und annähen. Anschließend rund um die unteren und um die vorderen Kanten und aus den Halsausschnittkanten ebenfalls in Graublau M aufnehmen und 10 R im Blendenmuster arbeiten, dabei an den oberen Ecken der beiden Vorderteile in den ersten 5 R beidseitig der Eckm. je 1 M zunehmen, in den letzten 5 R beidseitig der Eckm. je 1 M wieder abnehmen. Die Blende nach innen umschlagen und gegennähen. Den Knopf an das linke Vorderteil annähen.

Besonderen Dank sagen wir folgenden Firmen für Bildvorlagen und Beratung bei den Strickanleitungen:

Afra GmbH, Hamburg (Pingouin Wolle) 52, 83;
Max Austermann GmbH & Co., Wuppertal 58;
Laines Berger du Nord Deutschland GmbH, Düsseldorf 11, 107;
Wollspinnerei Busse, Nördlingen 27;
Garnimport H. Ernst GmbH, Renningen (H.E.C. Wolle) 12, 31, 37, 88, 93, 96, 101, 119;
Italana Handels GmbH, Ingolstadt 54/55;
Klaus Koch GmbH & Co., Köln (KKK Wolle) 32, 42/43;
Lana Grossa GmbH, Ingolstadt 7, 63, 78/79;
Kammgarnspinnerei Schachenmayr, Mann & Cie. GmbH, Salach 41, 111;
Carl Schewe GmbH & Co., Hamburg (Schewe Wolle und Lanificio di Milano-Wolle) 67, 122;
Schoeller Albers AG, Schaffhausen/Schweiz (Schaffhauser Wolle) 16/17, 48;
Schoeller Eitorf AG, Eitorf/Sieg (Esslinger Wolle) 24, 77;
Kammgarnspinnerei Gebr. Stahl KG, Süssen (Stahl'sche Wolle) 21;
Wellcomme Wolle, Paris (über Klaus Koch GmbH & Co., Köln) 70;
Woll-Service Dr. Tschöpe GmbH, Geisenfeld 72.